제
자
규

처음 읽는 고전 04 **제자규**

번역·해설 권애영

펴낸날 2019년 3월 5일 초판1쇄 | 펴낸이 김남호 | 펴낸곳 현북스
출판등록일 2010년 11월 11일 | 제313-2010-333호
주소 04071 서울시 마포구 성지길 27, 4층 | 전화 02)3141-7277 | 팩스 02)3141-7278
홈페이지 www.hyunbooks.co.kr | 카페 cafe.naver.com/hyunbooks
편집 이경희 이현배 | 디자인 정진선 김영미 | 마케팅 송유근 | 영업지원 함지숙
ISBN 979-11-5741-155-9 43150

제자규

弟子規

번역·해설 권애영

현북스

차례

머리말 《제자규》는 어떤 책인가?

《제자규》는 어떤 책인가?

《제자규弟子規》는 청나라 때 수재秀才였던 이육수李毓秀가 《훈몽문訓蒙文》이라는 이름으로 지은 어린이 계몽용 책이다. 그런데 뒤에 가존인賈存仁이 《제자규》로 이름을 바꿨다.

《제자규》는 어린아이 혹은 학생들이 지켜야 할 규범, 규칙을 일러 주는 내용으로 되어 있다. 어린이들의 문자 교육과 인성 교육을 위해 만들어져, 청대 중엽에 널리 성행하였고 당시 영향력이 큰 책 중의 하나였다. 이 책은 청나라부터 시작하여 300여 년의 세월이 훨씬 지난 지금까지도 여전히 중화 문화권에서 애용되고 있다.

《제자규》는 공자孔子의 핵심 사상과 유가의 예법을 어린이의 눈높이에 맞게 서술하였다. 곧 《제자규》는 《논어論語》 〈학이學而〉에 나오는 공자의 다음 말이 기본이다.

"자제들은 집에 들어가서는 효도하고 나와서는 공손하며, 행실을 삼가고 말을 성실하게 하며, 널리 사람들을 사랑하되 어진 이들과 가까이해야 하니, 이를 행하고 남은 힘이 있으면 글을 배워야 한다. 子曰 弟子入則孝 出則弟 謹而信 汎愛衆 而親仁 行有餘力 則

以學文"

《제자규》는 이 문장을 바탕으로 삼아, 세 자씩 글자를 맞추어 어린이들이 읽기 쉽고 외우기 편하게 전체 내용을 만들었다.

《제자규》의 내용은 유가 경전을 바탕으로 하였기에, 대부분 《논어》나 《예기禮記》에서 비롯된 내용과 함께 맹자孟子와 주희朱熹 등 유학자들의 사상을 법칙과 표준으로 삼았다.

그런 까닭으로 어린이나 초학자를 대상으로 지은 주희의 《소학小學》이나 《동몽수지童蒙須知》, 그리고 박세무朴世茂의 《동몽선습童蒙先習》과 율곡 이이李珥가 편찬한 《격몽요결擊蒙要訣》, 《사자소학四字小學》에도 일부 글자나 자수가 다르긴 하지만 《제자규》에 있는 내용이 여럿 등장한다.

최근 가까운 이웃 나라 중국은 개혁 개방 이후 급격한 경제 발전으로 인한 가치관의 혼란과 여러 가지 사회 문제에 대처할 정신 문명의 필요성을 느끼면서 '국학國學'을 중시하고 있는 추세다. 국학이란 서양 학문을 뜻하는 '서학西學'의 상대적인 개념으로 처음에는 '중학中學'이라는 말을 쓰다가 다시 '국학'으로 바꾸어 사용하고 있다. 좁은 의미로 유가 중심의 중화 전통 사상과 문화, 학술 및 고대 제자백가諸子百家를 포괄하고 있다.

대만을 비롯한 중국, 홍콩, 마카오 등 중화 문화권에서는 국가 주도 아래 전 국민을 대상으로 국학 교육 기관을 세워 다양한 활동을 벌이고 있는데, 이 중 어린이를 대상으로 하는 국학 교육의 가장 기초적인 교재가 바로 《제자규》이다. 초등학교 저학년 고전 교재 혹은 중화 문화권의 민간단체들이 설립하여 운영하는 '국학반國學班'에 개설된 교과목 가운데 대부분 《제자규》가 첫 단계 교재로 사용되고 있다. 중화 문화권에서 《제자규》는 문자 해득과 더불어 바른 인성을 함양하고 전통문화를 계승하는 교재로 그 가치를 인정받고 있음을 알 수 있는 대목이다.

이런 이유로 중국 각지의 출판사들은 경쟁적으로 다양한 형식으로 책을 발행하고 있어서 그 종류가 무려 수백여 종이나 되고, 유치원과 각 가정에서도 거의 필수적으로 《제자규》를 소장하고 있다. 특히 어린이뿐 아니라 청소년과 성인 들에게도 인문소양 교육의 기초 교재로 적합하다고 판단한 일부 기업에서는 이를 활용한 직원 교육을 실시하기도 한다. 또 공중파 방송에서는 학자들을 출연시켜 《제자규》를 해설하는 프로그램을 방영하여 화제를 모으기도 하였다. 심지어는 교도소에 있는 재소자들에게도 《제자규》를 활용하여 교화를 시킬 만큼 중화 문화권에서 《제자규》가 널리 애용되고 있다.

그런데 중국과 중화 문화권에서 이처럼 널리 활용되고 있는 이 책이 우리나라에는 그다지 알려져 있지 않다. 일부 중국어 학습자들 사이에서 학습 교재로 거론되고는 있지만 사용이 미미한 편이며, 고전을 학습하는 사람들 사이에서도 《제자규》는 무척 생소한 이름이다. 그러나 우리나라 국립 중앙 도서관에 발행 연도를 알 수 없는 필사본이 있는 것으로 보아, 청 무렵 혹은 그 이후의 어느 시기에 우리나라 어린이 교육에도 사용했거나 아니면 사용할 목적을 가지고 베껴 왔을 가능성이 있다.

《제자규》는 3자字 1구句의 형식으로 모두 360구 1,080자로 이루어져 있어 분량이 아주 짧다.

구성은 총서總序를 시작으로 입즉효入則孝, 출즉제出則弟, 근謹, 신信, 범애중汎愛衆, 친인親仁, 여력 학문餘力學文의 일곱 항목으로 나뉜다.

이 책은 우선 단순히 한자漢字의 낱자를 배워 익히는 것에 그치지 않고, 세 글자로도 여러 형태의 문장이 만들어지는 것을 자연스레 습득할 수 있어 기초 한문 문장 학습에 유익하다. 이는 일반적으로 초학 교재로 쓰이는《명심보감明心寶鑑》·《동몽선습》·《천자문千字文》·《추구推句》·《사자소학》 등과 비교하면 문장 구조가 복잡하지 않으면서 그 내용이 어린이의 실생활과 가까워 접근하기가 훨씬 쉽다. 그리고 운율韻律과 함께 일정한 대우對偶·대구對句 규칙으로 문장이 이루어져 암송과 한문 문장의 구조 파악이 쉽다는 점 역시 큰 장점이다.

또 우리나라 교육용 한자와의 상응도가 아주 높고, 비교적 획순이 적은 한자를 사용하였기에 어린이들이 입문기에 알아야 할 상용한자를 쉽고 자연스럽게 습득할 수 있다는 점 또한 우리에게는 큰 이점이 된다.

그러나 무엇보다도 부모님과 주변 사람을 대하는 태도, 바람직한 행동과 생활 태도, 처세의 방법, 배움과 실천 등을 구체적으로 서술하여 단순히 한자와 한문 문장에 대한 지식을 축적하는 데 머무르지 않고 인성 교육까지 함께 도모할 수 있다는 점에 주목해야 한다.

더욱이 이 책은 우리나라의 전통 사상 및 문화의 밑바탕에 깔린 유가의 핵심 및 기초 사상을 알 수 있고 인문학적 소양을 넓혀서 동양 문화권에 대한 이해를 넓힐 수 있다는 점에 관심을 기울일 필요가 있다.

최근 우리나라에서는 한자를 정규 교육 과정으로 편성하여 교육해야 하고, 한자 교육을 통해 전통문화를 계승하고 인성 교육을 회복해야 한다는 주장이 있다. 한자 교육 실시를 찬성하는 사람들은, 오랜 한글 전용으로 인해 학생들의 어휘력이 부족하여 학습 능력이 저하되었고, 인성 교육이 부실해졌으며, 문화적 정체성이 약화되었다고 주장한다. 또한 동아시아 문화의 공통 코드인 한자 교육은 문화 국가의 발전뿐 아니라 현실적으로 거대 시장인 중국과의 관계에서도 중요하다고 강조한다.

그러나 한자 교육을 통해 어휘력 신장은 물론 문해文解 능력 및 학습 능력을 향상시킬 수 있고 아울러 우리의 정체성을 강화하고 인성 교육에도 효과가 있다고 하면서도, 이를 제대로 구현할 수 있는 교재와 교육 방법 등은 아직 합의되지 않은 게 현실이다.

우리가 합리적인 서구 문화를 이해하고 우수한 사상을 받아들여 우리 문화를 발전시키기 위한 도구의 하나로 영어 학습을 강조하듯이, 동양의 기본 문화와 사상을 이해하기 위해서는 역시 한자와 한문에 대한 소양이 필요하다. 그렇지만 한자와 한문의 기초 소양을 거의 갖추지 못한 초보자들의 눈높이에 맞추어 쉽고 가볍게 접근할 수 있는 교재를 찾기는 참으로 어렵다. 그렇다고 현대적 가치관을 담아 새로운 교재를 만드는 것도 쉬운 일이 아니다.

이런 까닭에 그동안 우리나라에서 활용되어 온 교재에만 집착할 것이 아니라, 좀 더 폭넓은 시각으로 한자 문화권 어린이들이 사용하는 초보적인 교재에도 눈을 돌리는 시도가 필요하다고 본다. 바로 이러한 문제를 해결해 줄 수 있는 해법의 하나로 《제자규》는 그 가능성이 충분하다.

물론 《제자규》는 그 뿌리가 유가 사상에 있고, 300여 년 전에

만들어졌기에 오늘날 시대에 맞지 않는 측면이 당연히 존재한다. 무엇보다도 봉건사상과 복잡하고 형식적인 예법이 지나치게 강조되어 개인의 개성을 존중하지 않고 도리가 강요되는 부분이 있기도 하다. 이러한 한계와 문제점으로 인해 중국 내에서도 《제자규》를 비롯한 유가 경전 교육을 반대하는 부류가 있는 것도 사실이다.

　그럼에도 우리는 중국을 비롯한 동양 문화권 구성원들과 더욱 가까워질 수밖에 없는 지정학적, 역사적, 경제적 환경 속에서 살아가고 있다. 한자와 한문 학습을 통해 이들의 사고 체계를 이해하고 함께 교류하려면, 언어 소통 못지않게 문화적 공감도 중요하기에 《제자규》는 이러한 우리의 필요에 적지 않은 도움이 될 것이다.

《제자규》 효과적으로 읽기

《제자규》의 원류

얼마 전 미국의 트럼프 대통령과 중국의 시진핑 주석이 만나면서 트럼프 외손녀 아라벨라의 중국어 학습이 화제가 된 적이 있다. 어렸을 때부터 화교 보모로부터 자연스럽게 중국어를 배웠다는 아라벨라는 중국의 노래와 당나라의 유명한 시와 고전 암송 등으로 중국인들의 환심을 샀는데, 그중에 《삼자경三字經》이 포함되어 있었다.

《삼자경》은 우리나라 사람들에겐 낯설지만, 중국 문화권 아이들에게는 전통 고전 교육의 기초 교재로 대략 송나라 말기 혹은 원나라 때 만들어져 약 700여 년의 역사를 자랑하는 책이다. 예로부터 중국에서는 《삼·백·천三, 百, 千》이라고 불리는 《삼자경》·《백가성百家姓》·《천자문》이 아동 교육용 도서로 유명하였다. 《삼자경》은 전체 내용이 세 글자로 구성된, 아동들에게 글자를 가르치기 위해 만든 종합 교재이다. 이 《삼자경》은 일찍이 다른 나라에 전해졌는데, 우리나라에서도 조선 시대에 책으로 출간된 것으로 보아 당시 아동들의 계몽 교재로 사용했을 가능성도 있다.

《삼자경》에서 가장 주목해야 할 것은 바로 세 글자로 이루어진 글자 수이다. 《삼자경》 이전에 쓰인 교재들은 대부분 4자 1구로, 그 당시 아동 계몽 교재로 쓰인 《백가성》·《천자문》 또한 4자 1구의 구조였다. 그러나 《삼자경》은 한 글자를 줄여 3자 1구로 문장을 만들어 아동들이 쉽게 기억하고 낭송하기 편리하게 구성하였다. 바로 이 특징이 이후 세 글자로 이루어진 아동용 도서가 등장하는 시발점이 되었는데, 《제자규》가 바로 여기에 해당한다.

곧 《제자규》는 《삼자경》의 구성을 본 따, 학령 전 아동들에게 적은 자수로 부담을 덜어 주고, 지루하지 않으면서도 일상생활에서 활용도가 높은 글자들로 내용을 구성하여 학습 효과를 높인 가장 성공한 아동 계몽 도서이다.

《제자규》의 한자 읽기

《제자규》가 비록 쉬운 글자와 간단한 문장으로 이루어져 있기는 하지만, 그 내용을 제대로 알려면 기본적으로 한자에 대한 이해가 필요하다.

한자는 하나하나의 낱말이 저마다 고립되어 있어서 다른 낱말의 영향으로 형태가 변하지 않는다. 즉 '我[나 아]'는 주어나 목적어로 쓰이거나 혹은 서술어로 쓰이는 것에 관계없이 모두 '我'라고 쓴다. 우리말이 '나는, 나의, 나를' 등으로 바뀌는 것과 다르다. 그러므로 같은 단어라도 다르게 쓰이는 한자의 구실을 알려면 어순을 잘 살펴봐야 제대로 그 뜻을 알 수 있다.

또 한자는 한 글자가 여러 개의 뜻을 지니고 있다. 또 같은 음이면 서로 빌려서 쓰는 통가通假, 옛날 글자와 나중에 나온 글자를 뒤섞어 쓰는 고금古今의 원리도 함께 가지고 있다. 《제자규》에 나오는 '弟'와 '悌'가 바로 대표적인 예이다. 즉 총서에 나오는 首孝弟의 '弟'는 '아우, 동생'의 의미가 아니라 '공경하다'라는 뜻을 가진 '悌'의 뜻으로 쓰였다. 그러므로 한자가 일반적으로 알고 있는 대표적인 의미로 쓰이는 경우도 있지만, 우리가 짐작하기 어려운 다른 뜻으로 쓰이는 경우도 있음을 알아야 한다.

이 밖에도 하나의 글자가 뜻이 다르게 쓰이는 경우도 있을 뿐만 아니라, 같은 글자가 뜻에 따라 음까지 달라지는 경우도 있다. 따라서 문장 안에서 의미를 살펴 그 뜻에 맞는 음으로 읽어야 한다.

《제자규》의 한문 읽기

그렇다면 《제자규》는 어떤 형식적 특성을 지니고 있는지 살펴보자.

먼저 《제자규》는 모든 문장이 모두 세 글자씩 운율을 맞춰 구성되어 암기하기가 쉽다. 세 글자를 1구로 하여 압운押韻을 넣었기에 입으로 낭송하기 쉽고 음률감이 있어, 아동들이 학습하는 데 효과적이다. 물론 중국어로 읽었을 때 압운과 음률이 제대로 살긴 하지만 우리 한자 독음으로 읽어도 꽤나 유효하다.

그리고 《제자규》는 전체가 세 글자가 모여 하나의 구(3字 1句)를 이루고, 네 구가 모여 하나의 뜻(4句 1意)을 갖춘 구조로 짜여 있다. 쉽게 한 구를 익힌 후 다시 네 구를 합쳐 하나의 이치를 알 수 있게 구성한 것이다. 이 점을 잘 살펴 가며 문장을 읽으면 학습 효과를 더욱 높일 수 있다.

父母呼　應勿緩　부모님이 부르시면 바로 대답하고,

父母命 行勿懶 부모님이 시키시면 꾸물대지 말아야 한다.

〈입즉효〉의 맨 처음에 나오는 문장을 살펴보자. 이 문장을 보면 父, 母, 呼처럼 세 글자가 모여 하나의 구를 만들고, 父母呼 應勿緩 父母命 行勿懶의 네 구가 모여 하나의 뜻을 이루고 있음을 알 수 있다.

다음으로 《제자규》의 문장은 대부분 한문의 중요 표현법인 대우對偶 와 대구對句(排比)를 사용하여 만들어졌다는 점이다. 대우란 문장 가운데 글자 수가 같고, 문법이 비슷하며, 어법의 성질이 같은 문구를 뜻한다. 대구란 구조가 서로 비슷한 구문을 병렬시켜서 글을 구성하는 방식이다. 대우와 대구 등의 표현법은 운문의 묘미와 특징을 자기도 모르게 터득할 수 있고, 문장을 기억하는 데도 많은 도움이 되므로 내용을 이해하기 쉽게 하는 장점이 있다.

또 이러한 형식은 구의 구조가 같거나 비슷해서 글자 수가 같고 의미도 서로 관련이 깊어진다. 그래서 음절에 균형과 간결미

가 있어 암송이 쉽고 기억하기도 편리하다. 더불어 수사적 표현
법을 자연스레 익히게 되어 기본 어휘를 습득하면 나중에 스스
로 문장을 짓는 데도 큰 도움이 된다.

《제자규》내용의 대부분이 이와 같은 수사법으로 구성되어
있는데 그중 몇 구만 예를 들면 다음과 같다.

居有常 머무는 곳을 일정하게 하고,
業無變 하는 일을 바꾸어서는 안 된다.

居(거처)와 業(학업이나 사업), 有(있다)와 無(없다), 常(변함없다)
과 變(변하다)의 문장을 살펴보면, 거처와 일, 있다와 없다, 변함
없음과 변함이 서로 대우를 이루고 있음을 금세 알 수 있다.

長者先 어른이 먼저고
幼者後 어린이는 나중이다.

長者(어른)와 幼者(어린이), 先(먼저)과 後(나중)가 명백하게 서

로 짝을 이루고 있어, 문장의 뜻 이해뿐 아니라 구조를 파악하고 내용을 암송하는 데도 도움이 된다.

人有短 切莫揭

다른 사람의 잘못을 알게 되면 함부로 발설하지 말라.

人有私 切莫說

다른 사람의 비밀을 알게 되면 함부로 공개하지 말라.

人有短과 人有私, 切莫揭와 切莫說은 같은 문법의 성질을 가진 단어와 같은 문장 구조로 되어 있으면서 마지막 한 글자만 달라서, 문장을 이해하기가 아주 쉽다.

또한 《제자규》를 통해 3자 1구로 구성된 다양한 문장을 접하면서 문장 이해에 도움이 되는 품사의 용법을 익힐 수 있다. 즉 3자로 이루어진 짧은 문장 속에서 주어+술어, 주어+술어+목적어, 술어+목적어 등 다양한 문장 구조를 접할 수 있다.

주어+술어 형식의 문장을 살펴보면,

父母呼: 父母부모[주어]+呼부르다[술어]

兄弟睦: 兄弟형제[주어]+睦화목하다[술어]

長者立: 長者어른[주어]+立서다[술어]

주어+술어+목적어의 문장으로는,

親愛我: 親부모[주어]+愛사랑한다[술어]+我나[목적어]

喪盡禮: 喪상례[주어]+盡힘쓰다[술어]+禮예의[목적어]

祭盡誠: 祭제사[주어]+盡힘쓰다[술어]+誠정성[목적어]

술어+목적어의 문장으로는,

不離床: 不離떠나지 않는다[술어]+床침대[목적어]

置冠服: 置놓다[술어]+冠服모자와 옷[목적어]

用人物: 用사용하다[술어]+人物다른 사람의 물건[목적어]

見人善: 見보다[술어]+人善다른 사람의 선행[목적어]

등이 있다.

이 밖에도 문장 해석에 필요한 1인칭 대명사 吾, 我, 己, 그리고 3인칭 대명사 彼, 此, 人, 之, 접속사 卽, 부정사 勿, 莫, 非, 의문 대명사 何 등의 쓰임도 자연스럽게 알 수 있는 이점이 있다.

이처럼 세 자에 불과한 글자로 다양한 구를 만들어, 암송을 통해 저절로 문장의 구조를 익히게 한 점은 지은이의 뛰어난 학문적 수준과 능력을 보여 주는 대목이다.

마지막으로 《제자규》는 3자 1구씩 360구 1,080자로 이루어져 있는데, 1,080자 중 반복되어 사용한 글자를 제외하면 실제로 사용된 한자는 481자이다. 이 481자 속에 한 번만 등장하는 한자는 269자인데, 이들은 문장 구성을 위해 사용한 한자들이므로 자세히 다루지 않아도 크게 무리가 없다. 481자 중 269자를 제외한 212자는 2~43회 중복되어 사용된 글자이다.

전체 481자 중 1999년 우리나라 한문교육학회에서 제1안으로 제시한 초등학교 교육용 600자와 상응하는 글자는 215자, 제2안으로 제시한 500자와 상응하는 글자는 212자이다. 초보 단계에서 상용도가 떨어지는 269자를 제외하면, 《제자규》에 2회 이상

출현한 212자 가운데 우리나라 교육용 한자와 상응하는 글자는 118자이다.

그러므로 《제자규》를 읽다 보면 한문의 기본적인 문장 학습은 물론 우리나라 교육용 한자도 함께 익힐 수 있는 이점이 있다. 게다가 아주 초보 단계의 책이므로 획수가 그다지 많지 않은 한자를 사용해 학습 부담도 크지 않다.

1.

총서
總序

공자의 가르침總序

《제자규》는 공자의 가르침이다. 부모님께 효도하고 형제 자매와 우애 있게 지내는 것이 가장 우선이며, 그다음으로 언어와 행동에 주의하고 신용이 있어야 한다. 모든 사람을 평등하게 대하고 어진 사람과 가까이하며, 그러고도 남은 힘이 있으면 학문에 힘써야 한다.

위의 문장은 《제자규》의 전체 내용을 축약하여 알려 주는 서문으로 공자의 핵심 사상인 인仁의 원리인 효孝와 제悌를 강조하고, 다른 사람을 아끼고 학문에도 힘써야 한다는 기본 강령이다.

《제자규》에서 말하는 '제자弟子'는 일반적으로 우리가 말하는 학생만을 지칭하는 것이 아니라 다른 사람의 지도를 받는 사람 모두를 뜻하기에, '제자'는 배움에 힘쓰는 사람들 모두를 지칭한다고 할 수 있다. 그리고 '규規'란 원을 그릴 때 사용하던 컴퍼스를 지칭하는 것으로 규범과 규칙을 말한다. 그러므로 《제자규》란 '배움에 뜻을 둔 사람들이 실천하여야 할 규칙'이라고 정의할 수 있다.

《제자규》는 총서를 제외하면 일곱 가지 항목으로 그 규정을 삼고 있는데, 그 가운데 제일 먼저 제시하는 이념이 효제孝悌이다. 효는 부모님에 대한 자식 된 도리를 말하는 것이며, 제는 형제자매 간의 우애를 말한다.

공자의 제자인 유자有子는 "군자君子는 근본에 힘쓰니 근본이 확립되면 도道가 생겨난다. 효와 제는 인仁을 행하는 근본이다. 君子務本 本立而道生. 孝悌也者 其爲仁之本與."라고 하였다.

유가에서 효제를 강조하는 것은 바로 이것이 사람의 가

장 근본이라고 여겼기 때문이다. 즉 효제는 사람의 기본 구실인 동시에 '인'을 이루는 근본이고, 사람과 동물을 가르는 기준이 된다. '인'이란 다른 말로 바꾸면 '사랑'이다. 유가에서는 먼저 효와 제를 행하고 난 다음에야 다른 사람에게까지 사랑을 베풀 수 있다고 여겼기에, 어버이를 사랑하고 형제자매와 우애 있게 지내는 것을 가장 기본으로 삼았다. 그리고 이처럼 효제를 우선으로 실천하고 난 다음에는 말과 행동을 조심하고, 이웃을 아낌없이 사랑하고, 배움이 될 만한 사람과 가까이하고, 그러고도 힘과 시간을 낼 수 있다면 마지막으로 학문에 힘써야 한다고 말한다.

물론 《제자규》에서 말하는 학문은 단순히 지식을 많이 아는 학습만이 아니라 육예六藝를 말한다. 육예는 도덕 교육과 예술 교육, 체육 교육 그리고 지식 학습을 말하기도 하고, 《예기禮記》·《악경樂經》·《서경書經》·《시경詩經》·《역경易經》·《춘추春秋》의 육경六經을 가리키기도 한다. 육경은 한 무제가 유가를 받들기 시작한 이후 유생들이 경전으로 모신 교재들이다.

공자는 《예기》는 인간의 말과 행동을 절제하게 하고, 《악경》은 인간의 마음을 조화롭도록 도와주며, 《서경》은 사실을 말하고, 《시경》은 감정을 표현할 수 있게 하며, 《역경》은 천지의 기묘한 변화를 알 수 있게 해 주고, 《춘추》는 해야 할 일과 하지 말아야 할 일을 알려 주는 유용한 책이라고 말한 바 있다. 이는 오늘날 우리가 전인 교육을 진정한 학습의 목표라고 인식하는 것과 그 맥을 같이한다. 이처럼 훌륭한 교육자로 추앙받는 공자의 가르침을 가장 간략하고도 함축적으로 표현한 것이 바로 《제자규》의 서문이라고 할 수 있다.

弟子規　聖人訓　首孝弟　次謹信
제 자 규　　성 인 훈　　수 효 제　　차 근 신

弟子規　제자규(弟子規)라는 책은
弟子제자는 '학생' 혹은 '아이'로 고대 성현을 따라 배우고자
하는 사람을 모두 지칭한다.
規규는 '규범', '규칙', '준칙'으로 矩規구규를 의미한다. 矩구는
'곱자', 規는 '컴퍼스'로 矩規를 사용해야 직선과 원을 잘 그릴
수 있으므로 '모범', '규칙', '법'이라는 뜻으로 사용된다.

聖人訓　성인(聖人)의 가르침(訓)이다.
유가에서 말하는 聖人성인은 孔子공자이다.
공자의 이름은 丘구이지만, 子자라는 칭호를 붙여 공자
혹은 孔夫子공부자라고 부른다.

首孝弟　부모님께 효도하고(孝) 형제와 화목한(弟) 것이 먼저(首)이며,
弟제는 '공경하다', '화목하다'의 뜻을 가진 悌제와 같다.

次謹信　근면하고(謹) 신실함(信)이 나중(次)이다.
首수와 次차, 孝弟효제와 謹信근신 대우 구조로 이루어진
문장이다.

《제자규》는 공자의 가르침이다. 부모님께 효도하고
형제자매와 우애 있게 지내는 것이 가장 우선이며,
그다음으로 언어와 행동에 주의하고 신용이 있어야 한다.

중국어읽기	弟子规	圣人训	首孝弟	次谨信
	dì zǐ guī	shèng rén xùn	shǒu xiào tì	cì jǐn xìn

汎愛衆　而親仁　有餘力　則學文
범 애 중　이 친 인　유 여 력　즉 학 문

汎愛衆　두루(汎) 모든 사람(衆)을 사랑하라(愛).
부사＋목적어＋술어 구조로 이루어졌다.

而親仁　그리고(而) 어진 사람(仁)과 가까이하라(親).
유가에서 궁극적으로 지향하는 이상적인 인간은 어진
사람으로, 어진 사람이란 도덕과 품격이 높은 사람을
총칭하는 의미이다.

有餘力　남은(餘) 힘(力)이 있으면(有),

則學文　바로(則) 문화 지식(文)을 학습한다(學).
文문은 六藝육예로 禮예, 樂악, 射사, 御어, 書서, 數수를
말한다. 禮는 오늘날의 도덕, 樂과 書는 예술, 射와 御는
체육, 數는 지식 교육에 해당된다. 즉 지식에 치우친 학문만을
뜻하는 것이 아니라 전인 교육에 필요한 모든 학문을
지칭한다.

모든 사람을 사랑하고 어진 사람과 가까이하고
남은 힘이 있으면 학문에 힘써야 한다.

2.

입즉효

入卽孝

집 안에서 부모에게 효도하라 入即孝

《제자규》본문 중 가장 첫 번째 장은 〈입즉효入即孝〉이다. 《제자규》는 어린이를 대상으로 하여 올바른 덕성을 기르고자 하는 교육 서적이었기에 당시의 국가와 사회 이념이었던 유가의 중요 덕목인 효를 강조하였다.

입즉효入即孝에서의 '입入'은 '가정(집)에 있을 때'를 뜻한다. '효孝'는 아주 함축적이면서도 풍부한 의미를 가지고 있어서 단순히 부모를 잘 봉양하는 것에 머물지 않는다. 부모를 존경하며 부모에게 관심을 갖고, 부모를 가깝게 대하며 순종하는 것이다. 즉 정신적, 물질적으로 부모의 기본 요구를 만족시켜야 하는 것이다.

《제자규》의 첫 장은 바로 집 안에서의 '효'로 부모를 대하는 태도와 마음 자세뿐 아니라, 상례喪禮를 포함하여 구체적으로 어떻게 효도를 행하는지 그 방법을 자세히 일러 주고 있다.

공자의 제자들이 생전에 공자가 했던 말과 행위를 정리하여 기록한 《논어》에는 공자가 제자들에게 '효'를 일러 주는 내용이 무척 많이 나온다.

공자는 "지금의 효라는 것은 봉양을 잘하는 것을 말하고 있다. 그러나 개나 말도 모두 길러 줌이 있으니, 부모를 공경하지 않는다면 개나 말을 기르는 것과 무엇이 다르겠는가? 今之孝者 是謂能養 至於犬馬 皆能有養 不敬 何以別乎."라고 하였다.

맹자 역시 "효자의 일 중에 지극한 것은 어버이를 높이는 것보다 더 큰 것이 없다. 孝子之至 莫大乎尊親."고 하였으니, 공자와 맹자는 기본적인 의·식·주를 보살펴 드리는 차원을 넘어 부모를 존경하는 것을 진정한 효도라고 보고 있다.

증삼曾參은 《예기》 〈제의祭儀〉에서 "효도에는 세 가지가 있으니, 가장 큰 효는 부모를 존경하는 것이고, 다음으로는 부모의 이름을 더럽히지 않는 것이며, 가장 낮은 효도는 봉양하는 것이다. 孝有三 大孝尊親 其次弗辱 其下能養."라고 하며, 효에도 차등을 두어 대·중·소로 구분하고 있다.

그런데 이같이 부모를 봉양하고 존경하는 효를 행하는데 있어서 가장 기본적인 조건은 내 몸을 건강하게 잘 보전하는 일이었다.

《효경孝經》은 전적으로 효도에 관한 것을 서술한 책인데, 여기에는 "신체와 머리카락, 피부는 부모에게 받은 것이니 훼손하여 상하지 않게 하는 것이 효도의 시작이다. 身體髮膚 受之父母 不敢毀傷 孝之始也."라는 말이 나온다.

《예기》〈곡례曲禮〉에는 "효자가 어두운 곳에서 일하지 않고, 위태한 곳에 오르지 않는 것은 어버이를 욕되게 할까 두렵기 때문이다. 부모가 생존해 계시면 친구를 위해 죽는 것을 허락하지 않는다. 孝子不服闇 不登危 懼辱親也. 父母存 不許友以死."는 내용이 있다.

이렇게 내 몸을 돌보는 것이 바로 효도의 가장 기본에

해당하기에 유가 경전에는 이와 관련된 내용이 많이 등장하고, 우리 옛말에도 부모보다 먼저 가는 것이 불효 중에서도 가장 큰 불효라고 하였다.

맹자도 《맹자》 〈이루 상離婁上〉에서 "섬기는 일 중에 무엇이 가장 큰가? 어버이를 섬기는 것이 제일 큰일이다. 지키는 일 중에 무엇이 가장 큰가? 몸을 지키는 것이 가장 큰일이다. 몸을 잃지 않고서 어버이를 잘 섬긴 자에 대해서는 내가 들었으나, 몸을 잃고서 어버이를 잘 섬긴 자에 대해서는 내가 듣지 못하였다. 어떠한 사람인들 섬겨야 하지 않겠는가마는 어버이를 섬김이 섬기는 것의 근본이고, 어떠한 것인들 지켜야 하지 않겠는가마는 몸을 지킴이 지키는 것의 근본이다. 事孰爲大 事親爲大 守孰爲大 守身爲大 不失其身 而能事其親者 吾聞之矣, 失其身 而能事其親者 吾未之聞也. 孰不爲事 事親 事之本也, 孰不爲守 守身 守之本也."라고 하였다.

이처럼 몸을 잘 보전하면서 행해야 할 효의 태도 가운데 공자는 "부모 앞에서 얼굴빛을 온화하게 하기가 어려우니, 이것을 잘하는 것이 효이다. 부모에게 일이 있으면 자녀들이 그 수고로움을 대신하고, 술과 밥이 있으면 부모에게 잡수시게 하는 것을 효라고 할 수 있지 않겠는가? 色難 有事 弟子服其勞 有酒食 先生饌 曾是以爲孝乎."라고 하며 부모 앞에서 불편하고 짜증나는 표정이나 언어를 삼가라고 말한다. 그렇지만 늘 온화한 얼굴로 부모를 대하기가 참으로 쉽지 않다는 것을 공자도 알았기에 '색난色難'이라고 하였다.

《제자규》는 이러한 효의 구체적인 실천을 "몸이 상하면 부모님께 걱정을 끼치고, 덕이 상하면 부모님께 수치를 남긴다. 부모님이 잘못하시면 간언하여 바로잡으며, 얼굴색은 부드럽게 하고 목소리는 온화해야 한다. 身有傷 貽親憂 德有傷 貽親羞 親有過 諫使更 怡吾色 柔吾聲."로 간략하면서도 명료하게 표현하고 있다.

우리는 흔히 고대의 예법은 아랫사람은 무조건 윗사람에게 순종하고 온갖 잡다한 격식에 얽매인 예의를 강조하는 것으로만 알고 있다. 그러나 실제로는 웃어른이 잘못을 저질렀을 때 아랫사람은 온화한 낯빛으로 지적할 수 있었다. 중요한 것은 태도와 말을 조심스럽게 하여 웃어른의 체면과 위신을 깎아내리지 않아야 한다고 주문할 뿐이다.

고대 사회에서 말하던 효란 결국 사람과 사람간의 관계이며, 가장 기본적인 윤리 도덕 준칙이었다. 효는 모든 덕행의 출발점이면서 근본이었고, 고대 봉건 종법 사회를 유지하는 기초이기도 하였다. 효자이면서 충신이 아닌 사람이 없다고 가르쳐 사회의 안정을 꾀하였기에, 효는 당시 사회를 유지하는 이념의 근본이었다. 이 때문에 어린이를 대상으로 교육하는 《제자규》의 제일 앞부분에는 효에 대한 당위성과 구체적 실천 방법을 자세히 언급하고 있다.

父母呼 應勿緩 父母命 行勿懶
부 모 호　응 물 완　부 모 명　행 물 라

父母呼 부모님(父母)이 부르시면(呼)
　　　　주어+술어 구조로 이루어진 문장이다.

應勿緩 느리게(緩) 응답하면(應) 안 된다(勿).

父母命 부모님(父母)이 명령하시면(命)
　　　　命명은 '요구'라는 의미이다.

行勿懶 게으르게(懶) 행동하면(行) 안 된다(勿).
　　　　懶라는 '게으르다', '의욕이 없다'로 풀이한다.

《예기》〈옥조玉藻〉에 "아버지가 사람을 시켜 자식을 부를 때에는 자식은 唯유할
뿐 諾락을 해서는 안 된다. 만일 손에 일을 잡고 있을 때에는 일을 내던지고, 식사
중일 때는 음식을 뱉고 간다. 父命呼 唯而不諾, 手執業則投之 食在口則吐之 走而不
趨."라는 말에서 나온 것이다. 唯유와 諾락은 모두 대답하는 말인데, 唯가 빠르고
공손하게 대답하는 것을, 諾은 느리고 건성으로 대답하는 것을 말한다.

부모님이 부르시면 바로 대답하고 우물쭈물하지 말라.
부모님이 시키시면 바로 행동하고 게을리 굴지 말라.

중국어읽기	父 母 呼	応 勿 缓	父 母 命	行 勿 懒
	fù mǔ hū	yìng wù huǎn	fù mǔ mìng	xíng wù lǎn

父母教　須敬聽　父母責　須順承
부 모 교　수 경 청　부 모 책　수 순 승

父母教　부모님(父母)이 가르치시면(教)
주어+술어 구조이다.

須敬聽　반드시(須) 공손하게(敬) 들어야(聽) 한다.
須수는 '마땅히 ~ 해야 한다', '반드시 ~ 해야 한다'로
풀이한다.

父母責　부모님(父母)이 꾸짖으시면(責)
父母教부모교와 대우를 이루는 문장이다.
父母教, 父母責 두 문장은 술어만 다르다.

須順承　반드시(須) 순종하며(順) 받아들여야(承) 한다.
承승은 '받들다', '받아들이다'의 뜻이다.

부모님이 가르치시면 공손하게 잘 듣고
부모님이 책망하시면 겸허하게 잘 받아들여라.

중국어읽기	父 母 教 fù mǔ jiào	须 敬 听 xū jìng tīng	父 母 责 fù mǔ zé	须 顺 承 xū shùn chéng

冬則溫 夏則淸 晨則省 昏則定
동 즉 온　하 즉 청　신 즉 성　혼 즉 정

冬則溫　겨울(冬)이면(則) 따뜻하게(溫) 해 드리고
　　　　則즉은 '만일 ~이라면' '즉 ~하면'으로 풀이한다.

夏則淸　여름(夏)이면(則) 시원하게(淸) 해 드리며

晨則省　아침(晨)이면(則) 안부를 여쭙고(省)
　　　　省성은 '작은 것까지 자세히 본다', '살피다'의 뜻이다.

昏則定　저녁(昏)이면(則) 편안하게(定) 해 드려라.
　　　　定정은 '편안하다', '안정시키다'의 뜻이다.
　　　　위 네 구는 모두 같은 형식으로 되어 있으며, 溫온과 淸청,
　　　　晨신과 昏혼은 서로 대비되는 뜻을 가진 단어이다.

《예기》〈곡례 상曲禮上〉에 "무릇 아들된 자가 지켜야 할 예의는 겨울에는 부모를
따뜻하게 해 드리고, 여름에는 서늘하게 해 드리며, 저녁에는 부모의 잠자리를 정해
드리고, 새벽에는 아침 문안을 드린다. 凡爲人子之禮 冬溫而夏淸 昏定而晨省."에서
나온 말이다. 즉 부모의 신체를 봉양하는 일에 대해서 설명한 내용으로,
《사자소학》에도 "저녁엔 잠자리를 정하고 새벽엔 문안을 살피고, 겨울엔 따뜻하고
여름엔 시원하게 해 드려라. 昏定晨省 冬溫夏淸."라고 하였다.

겨울에는 따뜻하게 해 드리고 여름에는 시원하게 해 드리며,
아침에 일어나서는 평안한지 살피고 저녁에는 편히 주무시게 해야 한다.

중국어읽기	冬 則 溫 dōng zé wēn	夏 則 淸 xià zé qīng	晨 則 省 chén zé xǐng	昏 則 定 hūn zé dìng

出必告　反必面　居有常　業無變
출 필 고　반 필 면　거 유 상　업 무 변

出必告 집을 나서면(出) 반드시(必) (부모님께) 알려야(告) 한다.
告고는 '곡'으로 읽어야 하지만, '고'로 읽어도 무방하다.

反必面 돌아와서는(反) 반드시(必) 얼굴을 뵌다(面).
反반은 '돌아오다'라는 뜻의 返반, 음을 빌려 쓴 통가通假이다.
面면은 얼굴을 보여 드리면서 부모님께 밖에서 있었던 일을
말씀드린다는 뜻이다.

居有常 머무는 곳(居)은 일정한 곳(常)에 있어야(有) 한다.
常상은 '정상적이고 고정된 곳', 혹은 '상식적인 장소'라는
의미이다. 有유는 '존재하다'의 뜻이다. 평소에 정상적이며
규율을 지키며 지내야 한다는 뜻이다.

業無變 학업(業)을 (마음대로) 바꾸지(變) 말아야(無) 한다.
業업은 '학업이나 사업' 등을 말하고, 無무는 부정사로 '없다',
'아니다' 외에 금지어인 '~하지 말라'는 뜻이 있다. 학업이나
사업 등을 함부로 바꿔서 부모님을 걱정시켜서는 안 된다는
의미이다.

밖에 나갈 때는 반드시 어디에 가는지 알리고,
돌아와서는 얼굴을 뵈어야 한다.
머무는 곳은 안정되어야 하고, 하는 일을 함부로 바꾸어서는 안 된다.

중국어 읽기	出 必 告	反 必 面	居 有 常	业 无 变
	chū bì gào	fǎn bì miàn	jū yǒu cháng	yè wú biàn

事雖小　勿擅爲　苟擅爲　子道虧
사 수 소　물 천 위　구 천 위　자 도 휴

事雖小　일(事)이 비록(雖) 작을지라도(小)
雖수는 접속사로 양보와 가정을 나타내는 말로 '설사~',
'비록~', '만일~' 이라는 뜻으로, 현대 중국어에서 쓰는 雖
然과 같다.

勿擅爲　마음대로(擅) 하지(爲) 말라(勿).
擅천은 '멋대로 하다', '마음대로 하다'라는 의미이다.

苟擅爲　만약에(苟) 마음대로(擅) 하면(爲)
苟구는 가설을 나타내는 접속사, '만일', '만약' 등으로
해석한다.

子道虧　자식(子)의 도리(道)를 저버리는(虧) 것이다.
虧휴는 '저버리다', '배신하다'의 뜻이다.

《예기》〈방기坊記〉에서 공자가 "부모가 있으면 감히 그 몸을 마음대로 하지 못하고,
감히 그 재물을 사사로이 하지 못한다. 父母在 不敢有其身 不敢思其財 示民有上下
也."고 한 말에서 나온 것이다.

아무리 사소한 일이라도 자기 마음대로 하면 안 된다.
만일 제멋대로 하면 자녀의 본분을 어기는 것이다.

중국어읽기
| 事 虽 小 | 勿 擅 为 | 苟 擅 为 | 子 道 亏 |
| shì suī xiǎo | wù shàn wéi | gǒu shàn wéi | zǐ dào kuī |

物雖小　勿私藏　苟私藏　親心傷
물 수 소　물 사 장　구 사 장　친 심 상

物雖小　물건(物)이 아무리(雖) 작을지라도(小)

勿私藏　사사로이(私) 간직하지(藏) 말라(勿).
　　　　勿물은 부정부사로 금지나 저지를 나타낸다. '~ 해서는 안
　　　　된다', '~ 하지 말라'라는 뜻이다.

苟私藏　만약에(苟) 사사로이(私) 간직하면(藏)

親心傷　부모님(親)의 마음(心)에 근심(傷)이 생긴다.
　　　　傷상은 '애태우다', '근심하다'.
　　　　親친은 '양친', 즉 아버지와 어머니 두 분을 뜻한다.

아무리 작은 물건이라도 자기 마음대로 가져서는 안 된다.
만일 몰래 간직하면 부모님 마음이 상하게 된다.

중국어 읽기

物 虽 小　勿 私 藏　苟 私 藏　亲 心 伤
wù suī xiǎo　wù sī cáng　gǒu sī cáng　qīn xīn shāng

親所好 力爲具 親所惡 謹爲去
친 소 호 역 위 구 친 소 오 근 위 거

親所好 부모님(親)이 좋아하는(好) 것(所)은
所소는 조사로서 동작이나 행위의 대상·장소·수단·원인 등을
나타내므로 '~ 하는 (사람·일·물건·곳)'이라고 풀이한다.

力爲具 힘(力)을 다해 구비(具) 하고(爲)
爲위는 조동사로 머지않아 일어날 행위나 상황을 나타낸다.

親所惡 부모님(親)이 싫어하는(惡) 것(所)은
惡오는 '악하다'는 뜻이 아니고 '싫어하다'는 뜻이므로 '오'로
읽는디.

謹爲去 신중하게(謹) 없애도록(去) 하라(爲).

《예기》〈제의〉의 "부모님께서 자식을 사랑해 주시면 이를 기뻐하여 잊지 않고,
부모님께서 미워하시면 두려워하되 원망함이 없다. 父母愛之 嘉而弗忘 父母惡之 懼
而無怨."에서 나온 말이다.

부모님이 좋아하시는 것은 힘껏 준비해 드리고,
부모님이 싫어하시는 것은 힘써 없애라.

중국어읽기	亲 所 好	力 为 具	亲 所 恶	谨 为 去
	qīn suǒ hào	lì wèi jù	qīn suǒ wù	jǐn wèi qù

身有傷　貽親憂　德有傷　貽親羞
신 유 상　이 친 우　덕 유 상　이 친 수

身有傷 몸(身)에 상함(傷)이 있으면(有)
　　　　傷상은 앞에서 사용된 '애태우다', '근심하다'는 뜻이 아닌
　　　　'다치다', '상하다'의 뜻으로 사용되었다.

貽親憂 부모님(親)께 걱정(憂)을 끼치고(貽)
　　　　貽이는 '끼치다', '남기다', '주다'의 뜻을 가진 동사이다.

德有傷 덕(德)이 상함(傷)이 있으면(有).
　　　　德덕이란 곧 '품성', '품행'을 말한다.

貽親羞 부모님(親)께 수치(羞)를 남긴다(貽).

《효경》〈개종명의開宗明義〉 장에서 공자가 증자에게 "사람의 신체와 터럭과 살갗은
부모에게서 받은 것이니, 이것을 손상시키지 않는 것이 효의 시작이다. 身體髮膚
受之父母 不敢毀傷 孝之始也."한 말로 효도의 기본은 바로 자기 몸을 잘 보전하는
것이다.
또한 《사자소학》에도 "내 몸이 어질지 못하면 욕이 부모님께 미친다. 我身不賢 辱及
父母."라는 내용이 나온다.

몸이 상하면 부모님께 걱정을 끼치고,
덕이 상하면 부모님께 수치를 남긴다.

<table>
<tr><td rowspan="2">중국어읽기</td><td>身 有 伤</td><td>贻 亲 忧</td><td>德 有 伤</td><td>贻 亲 羞</td></tr>
<tr><td>shēn yǒu shāng</td><td>yí qīn yōu</td><td>dé yǒu shāng</td><td>yí qīn xiū</td></tr>
</table>

親愛我 孝何難 親憎我 孝方賢
친 애 아   효 하 난   친 증 아   효 방 현

親愛我   부모님(親)이 나(我)를 사랑하는데(愛)

孝何難   효도(孝)가 어찌(何) 어려운가(難).
          何하는 의문사로 원인·이유·방법을 묻거나 반문을
          나타내는데, 여기에서는 '어째서'나 '왜'로 풀이할 수 있다.

親憎我   부모님(親)이 나(我)를 미워해도(憎)

孝方賢   효도해야(孝) 비로소(方) 귀하다(賢).
          方방은 부사로, 동작이나 행위가 시간에 늦거니 이띤 조건
          아래에서만 이루어짐을 나타낸다. '겨우' '비로소'로 풀이하면
          된다.

《사자소학》에서는 "부모님께서 사랑해 주시거든 기뻐하며 잊지 말라. 부모님께서
꾸짖으시거든 반성하고 원망하지 말라. 父母愛之 喜而勿忘 父母責之 反省勿怨."고
말하고 있다.

부모님이 나를 사랑하시는데 효도가 뭐가 어려우랴?
부모님이 나를 싫어해도 효도해야 귀하다.

중국어읽기	亲爱我 qīn ài wǒ	孝何难 xiào hé nán	亲憎我 qīn zèng wǒ	孝方贤 xiào fāng xián

親有過　諫使更　怡吾色　柔吾聲
친 유 과　간 사 경　이 오 색　유 오 성

親有過　부모님(親)께 잘못(過)이 있으면(有)

諫使更　고치(更)도록(使) 간한다(諫).
　　　　　使사는 어떤 일을 하도록 하는 사역 동사이며,
　　　　　諫간은 임금이나 웃어른께 옳지 못하거나 잘못된 일을
　　　　　고치도록 말하는 것이다.

怡吾色　(간할 때는) 자신(吾)의 얼굴색(色)을 온화하게(怡) 하고.
　　　　　色색은 '기색', '얼굴빛', '낯'이라는 뜻을 가진 명사이다.
　　　　　怡이는 '기쁘게 하다', '온화하다'라는 뜻이 있다.

柔吾聲　자신(吾)의 목소리(聲)는 부드럽게(柔) 한다.
　　　　　吾오는 말하는 '나'를 가리킨다.

《예기》에 나오는 "무릇 부모에게 허물이 있거든 기색을 가라앉히고 얼굴빛을
온화하게, 소리는 부드럽게 해서 간해야 한다. 간하여도 받아들이지 않을 때에는
공경함과 효성을 발휘해서 부모가 기뻐할 때 다시 간하도록 한다. 凡父母有過 下氣
怡色 柔聲以諫. 諫若不入 起敬起孝 悅則復諫." 문장을 근거로 한 것이다.

부모님이 잘못하시면 간언하여 바로잡으며,
얼굴색은 부드럽게 하고 목소리는 온화해야 한다.

중국어읽기	亲有过 qīn yǒu guò	谏使更 jiàn shǐ gēng	怡吾色 yí wú sè	柔吾声 róu wú shēng

諫不入　悅復諫　號泣隨　撻無怨
간 불 입　　열 부 간　　호 읍 수　　달 무 원

諫不入　간하는 것(諫)이 받아들여지지(入) 않으면(不)
不불은 바로 뒤에 우리말 음이 ㄷ과 ㅈ으로 시작하는
한자가 오면 '부'로, 그 외에는 '불'로 읽는다.

悅復諫　기분이 좋을 때(悅) 다시(復) 간하고(諫),
復부는 '다시', '거듭', '또 하다'라는 뜻으로 쓰였으므로
'부'로 읽는다.

號泣隨　부르짖고(號) 울며(泣) 따르고(隨)
隨수는 동사로 '추종하다', '따르다'라는 뜻이다.

撻無怨　매질(撻)을 하여도 원망하지(怨) 말아야(無) 한다.
撻달은 체벌을 가하는 것뿐 아니라 야단이나 훈계도 포함한다.

《예기》〈곡례 하〉에는 신하가 임금의 잘못을 세 번 간해도 듣지 않으면 벼슬을
버리고 떠나라고 하였지만, 부모의 잘못은 세 번 간하고도 듣지 않으면 큰 소리로
울면서 부모의 뜻을 따르라고 하였는데, 이는 임금과 신하 사이와 달리 부모는
저버릴 수 없기 때문이다.

간하여도 듣지 않으면 기분 좋을 때 다시 간하고,
울며 간하다 혼나더라도 원망해서는 안 된다.

중국어읽기	谏 不 入	悦 复 谏	号 泣 随	挞 无 怨
	jiàn bú rù	yuè fú jiàn	háo qì suí	tà wú yuàn

親有疾 藥先嘗 畫夜侍 不離床
친 유 질　　약 선 상　　주 야 시　　불 리 상

親有疾　부모님(親)이 병(疾)이 들면(有)
　　　　　疾질은 질병으로 '아주 위급하거나 중한 병'을 뜻한다.

藥先嘗　먼저(先) 약(藥)을 맛본다(嘗).
　　　　　嘗상은 '맛보다', '시험하다', '체험하다'라는 뜻이 있다..

畫夜侍　낮(晝)과 밤(夜)에 돌보아(侍) 드리고
　　　　　侍시는 '모시다', '시중들다'라고 풀이한다.

不離床　침상(床)을 떠나서는(離) 안 된다(不).

《예기》〈곡례 하〉에 "임금이 병에 걸려 약을 복용할 때는 신하가 먼저 그 맛을
보도록 하고, 어버이가 병에 걸려 약을 복용할 때는 자식이 먼저 그 맛을 보도록
한다. 君有疾飮藥 臣先嘗之 親有疾飮藥 子先嘗之."에서 나온 것이다.

부모님이 아프시면 먼저 약을 맛보고,
밤낮으로 돌보아 드리며 머리맡을 떠나서는 안 된다.

중국어읽기	亲有疾	药先尝	昼夜侍	不离床
	qīn yǒu jí	yào xiān cháng	zhòu yè shì	bú lí chuáng

喪三年　常悲咽　居處變　酒肉絕
상 삼 년　상 비 인　거 처 변　주 육 절

喪三年　3년(三年)의 상례(喪)에는

常悲咽　항상(常) 슬픔(悲)에 목(咽)이 메이고

居處變　머무는(居) 곳(處)을 바꾼다(變).
　　　　복상 기간 중에 부부가 따로 지내는 것을 말한다.

酒肉絕　술(酒)과 고기(肉)를 끊는다(絕).
　　　　絕절은 '차단하다', '그만두다', '없애다', '중지하다'라는 뜻이다.

고대 예법에는 부모님이 돌아가시면 자녀는 3년의 복상 기간을 지켜야 했는데,
이 기간에는 술과 고기, 그리고 오락과 교제도 삼가야 했다. 이 3년이라는 기간은
《예기》〈삼년간三年間〉에서 "자식이 태어난 지 3년이 된 뒤에라야 비로소 부모의
품을 떠난다. 대체로 3년의 상은 천하의 공통된 상례인 것이다. 子生三年 然後免於
父母之懷。夫三年之喪 天下之通喪也。"라고 공자가 말한 데서 기인한 것이다.

부모가 돌아가시면 삼년상을 하며
늘 부모 생각에 목이 메일 정도로 슬퍼한다.
생활은 검소하게 하고 술과 고기는 삼간다.

중국어읽기	喪 三 年　sàng sān nián	常 悲 咽　cháng bēi yè	居 处 变　jū chù biàn	酒 肉 绝　jiǔ ròu jué

喪盡禮　祭盡誠　事死者　如事生
상 진 례　제 진 성　사 사 자　여 사 생

喪盡禮　상(喪)을 치를 때는 예(禮)를 다하고(盡)

祭盡誠　제사(祭)를 지낼 때는 정성(誠)을 다한다(盡).
　　　　盡진은 '극진하다', '정성을 다하다', '완수하다'라는 뜻이다.

事死者　돌아가신(死) 분(者)을 섬김(事)에도
　　　　事사는 동사로 '섬기다', '노력하다', '종사하다'라는 뜻이다.

如事生　살아 계신(生) 것처럼(如) 대우한다(事).

《논어》〈위정爲政〉에서 공자가 노魯나라의 대부大夫 맹의자孟懿子에게 "부모님께서
살아 계실 때는 禮예로 섬기고, 돌아가시면 예로 장사 지내고, 예로 제사 지내는
것이다. 生事之以禮 死葬之以禮 祭之以禮."라고 말한 것을 근거로 한다.
《예기》〈중용中庸〉에서 "돌아가신 분 모시기를 살아 계실 때처럼 하고, 없는 자
모시기를 있는 자 모시듯이 하는 것, 이것이 효도의 지극함이다. 事死如事生, 事亡如
事存, 孝之至也."라고 한 말을 바탕으로 했다.

장례는 예를 다하여 치르고 제사도 정성을 다한다.
돌아가신 분 섬기기를 마치 살아 계시듯이 한다.

중국어 읽기	喪 尽 礼 sàng jìn lǐ	祭 尽 诚 jì jìn chéng	事 死 者 shì sǐ zhě	如 事 生 rú shì shēng

3.
출즉제

出即弟

밖에서는 공경하라 出則弟

《제자규》 서문을 보면 "부모님께 효도하고 형제자매와 우애 있게 지내는 것이 가장 우선이며……"라고 하여 효도 孝道와 제도悌道를 가장 먼저라고 강조하고 있는데, 고대 봉건 사회에서는 '효도' 못지않게 '제도' 역시 중요한 도덕 이념이었다.

이 장에서 의미하는 '출出'은 좁게는 내 방을 벗어나는 것이고, 좀 더 확대하면 나의 가정을, 더 넓게는 가족을 벗어난 사회생활을 뜻한다. 그러므로 '제弟'는 자기 가정의 형제자매 간의 우애에만 국한되지 않고, 바깥 사람들과의 만남에서 상호 가져야 할 태도까지 포함하는 개념이다. 여기에서 제弟는 '존중하다'라는 의미의 제悌인데 이렇게 같은 음이면 서로 바꾸어 쓰기도 하는 것이 앞에서도 말했듯이 한자의 특성이다.

〈출즉제出則弟〉는 첫 문장이 "형은 아우를 사랑하고 아우는 형을 존중하라. 형제가 화목하게 지내는 것이 효도이다. 兄道友 弟道恭 兄弟睦 孝在中."로 시작한다. 먼저 가정 안에서 형제와 자매 사이는 윗사람이 아랫사람을 아껴 주고 사랑하며, 아랫사람은 윗사람을 존경하여 서로 화목하게 지내야 한다는 것이다. 형제자매가 서로 다툼 없이 잘 지내는 것이야말로 부모에게는 더할 나위 없는 효도가 된다. 만일 서로 불화하게 되면 비단 당대에 그 여파가 머무르지 않고 대를 이어 관계가 악화되어 회복이 어려워지므로 이를 경계한 것이다.

형제자매가 서로 조화를 이루고 사이좋게 지내려면 역시 상호 간에 예의를 갖추어야 했기에, 이에 대한 구체적인 실천 내용이 이 장에 담겨 있다. 형제는 특수한 인륜 관계이고 사람들이 생활하는 데는 서로 화합이 필요하므로,

이 특수한 인간관계에도 일정한 도덕과 규범들이 존재하는데 이것이 바로 '제弟'였다. 이 '제'는 아랫사람은 윗사람을 공경하고, 윗사람은 아랫사람을 아끼는 마음을 말한다. 그런데 여기에서 말하는 형제자매는 비단 내 가족과 친지만을 지칭하는 게 아니라 세상 모든 사람이 내 형제이기 때문에, 주변에서 만나는 모든 사람들을 포함하는 개념이다.

〈출즉제〉에서는 유독 윗사람을 대하는 예법에 관한 내용이 많이 나온다. '예禮'는 바로 고대 사회의 근본이며 핵심 이념 가운데 하나였기 때문이다. '예'는 개인적 입장에서 보면 인격 수양이며, 사회적으로는 조화로운 질서를 만들고 이를 유지하고자 하는 행위 규범이었다.

《예기》〈예운禮運〉에는 "부자 사이가 돈독하고 형제가 화목하며 부부가 화합하면 집안이 살찐다. 父之篤 兄弟睦 夫妻和 家之肥也."고 하였다.

공자는 "백성들에게 친애함을 가르치는 데는 '효'만 한 것이 없고, 예절과 순종을 가르치려면 '제'만큼 좋은 방법이 없다. *教民親愛 莫善於孝 教民禮順 莫善於悌.*"고 하였는데, 결국 '효'와 '제'는 둘이 아닌 하나였다.

유가에서는 인간이 가지고 있는 욕망을 다스리고 서로 존중하며 다투지 않고 조화를 이루고 살려면 '예'를 통한 통치가 필요하다고 여겼다.

그런데 일반적으로 사람들 사이의 갈등이나 반목은 돈과 말 때문에 생긴다. 《제자규》에서는 바로 "재물을 가벼이 여긴다면 어찌 원망이 생기겠는가? 말을 조심하면 화는 자연스레 사라진다. *財物輕 怨何生 言語忍 忿自泯.*"며 욕심을 버리고 말조심을 할 것을 당부한다.

《논어》〈이인里仁〉에서 공자도 "이익에 따라 행동하면 원망이 많다. *放於利而行多怨.*"고 하였다. 여기에서의 이익이란 자기 자신에게만 유리하고, 다른 사람에게는 해를 입히는 것이다.

이전의 가족 형태는 대가족 제도로 결혼을 해서도 각기 따로 살지 않고 같은 집에서 거주하는 경우가 많았다. 이런 이유로 '제도悌道'를 더더욱 강조할 수밖에 없었다. 가정을 이루기 전과 결혼하여 자신의 아내와 자식이 생기면 형제간의 우애도 변하기 마련이다. 그러기에 물질에 대한 욕심을 부리지 않고 서로 간에 양보와 인내가 수반되어야만 같은 집안에서 생활할 수가 있었다.

그렇지만 예禮는 때와 경우에 따라 마땅한 것을 좇는 것으로, 남의 비위를 맞추는 것이 아니라고 《예기》에서는 말한다.

곧 "망령된 언동으로 남의 마음을 기쁘게 하는 것은 예가 아니고 아첨이며, 말을 많이 하지 않아야 한다. 예는 절도가 있어야 하며, 남을 업신여기지 않으며, 친밀함이 지나친 것을 좋아하지 않는다. 禮 不妄說人 不辭費. 禮 不逾節 不侵犯 不好狎."고 하였다. 즉 아랫사람이 어른께 온화한 목소리로 말하는 것은 존경에 대한 형식이긴 하지만, 비위를 맞추어 아첨하거나 도를 넘어 지나치게 공손하게 군다든지, 친밀함이 지나쳐 무례하지는 말아야 한다는 것이다.

《제자규》는 어린아이들을 대상으로 여러 가지 예절과 생활 태도를 알려 주기 위한 책이기에 아랫사람이 행할 도리를 강조했지만, 그렇다고 해서 일방적으로 한쪽의 희생만을 강요하고 있다고 생각해서는 안 된다.

이는 맹자가 "우리 집 어른을 공경하여 남의 집 어른에게로 확대하고, 우리 집 아이를 사랑해서 남의 집 아이에게로 사랑을 확대한다. *老吾老 以及人之老 幼吾幼 以及人之幼.*" 고 말한 데서 그 속뜻을 찾을 수 있다. 즉 진정한 예란 아랫사람이 웃어른을 대하는 일방적인 도리가 아니라, 부모의 자녀에 대한 자애와 웃어른의 포용도 동시에 수반되는 것이다.

맹자는 선천적으로 타고난 이 도덕 능력이 자연스럽게 집안에만 머무르지 않고 국가와 전 인류 사회로 확대되어 갈 수 있다고 보았다. 그러기에 윗사람 역시 자기 자식을 대하듯이 다른 사람의 자식이나 후배를 대하여 상대로부터 억지가 아닌 진정한 마음에서 우러나오는 존중과 예의를 받아야 한다고 보았다.

그러므로 고리타분해 보이는 유가의 예법은, 전면에 드러난 내용 그 이면에 숨겨진 의미를 잘 파악해야 하며, 그 윤리가 결코 일방통행이 아닌 쌍방 통행임을 명심해야 한다.

兄道友　弟道恭　兄弟睦　孝在中
형 도 우　제 도 공　형 제 목　효 재 중

兄道友　형(兄)의 도리(道)는 아우를 사랑하는 것(友)이고
　　　　　道도는 명사로 '도리', '이치'라는 뜻이다.

弟道恭　동생(弟)의 도리(道)는 형을 공경하는(恭) 것이다.

兄弟睦　형(兄)과 동생(弟)이 화목하면(睦)
　　　　　睦목은 '친하다', '가깝다', '도탑다', '밀접하다', '화목하다'의
　　　　　뜻이다.

孝在中　효(孝)가 그 안(中)에 있다(在).

《사자소학》에는 "형은 우애하고 아우는 공손히 하여, 감히 원망하거나 성내지
말아야 한다. 兄友弟恭 不敢怨怒."고 하였는데, 이는 형제자매는 본래 한 기운에서
태어났고 한 핏줄이기 때문이다. 또 "형제가 화목하면 부모님께서 기뻐하신다. 兄弟
和睦 父母喜之."고 분명하게 밝히고 있다.

형은 아우를 사랑하고 아우는 형을 존중하라.
형제가 화목하게 지내는 것이 효도이다.

중국어읽기	兄 道 友 xiōng dào yǒu	弟 道 恭 dì dào gōng	兄 弟 睦 xiōng dì mù	孝 在 中 xiào zài zhōng

財物輕 怨何生 言語忍 忿自泯
재 물 경　원 하 생　언 어 인　분 자 민

財物輕　재물(財物)을 가볍게(輕) 여기면

怨何生　어찌(何) 원망(怨)이 생기겠는가(生).

言語忍　말(言語)을 참으면(忍)

忿自泯　자연히(自) 분노(忿)는 사라진다(泯).
　　　　忿분은 '원망', '화', '분한 마음'이라는 명사로 쓰였다.
　　　　泯민은 '다하여 없어지다'라는 뜻으로 풀이한다.

《논어》〈이인〉에 "이익에 따라 행동하면 원망이 많아진다. 放於利而行 多怨."를
근거로 삼은 내용이다.

재물을 가벼이 여긴다면 어찌 원망이 생기겠는가?
말을 조심하면 화는 자연스레 사라진다.

중국어읽기	財 物 轻	怨 何 生	言 语 忍	忿 自 泯
	cái wù qīng	yuàn hé shēng	yán yǔ rěn	fèn zì mǐn

或飮食　或坐走　長者先　幼者後
혹 음 식　혹 좌 주　장 자 선　유 자 후

或飮食 혹시(或) 마시거나(飮) 먹을(食) 때
　　　　 或혹은 여러 가지 경우를 열거할 때 쓴다.

或坐走 앉아(坐) 있거나(或) 걸을(走) 때는

長者先 나이 든(長) 분(者)이 먼저(先)이고

幼者後 나이 어린(幼) 사람(者)은 나중(後)이다.
　　　　 長者와 幼者, 先과 後가 서로 대구를 이루고 있다.

가정 안의 예의범절을 다루고 있는 《예기》〈내측內則〉에 "여덟 살이 되면 남녀 모두 문밖 출입을 하고, 자리에 앉아 음식을 먹을 때에는 반드시 어른보다 나중에 들어야 하도록 하는 등 겸양하는 예법을 가르친다. 八年 出入門戶 及即席飮食 必後長者 始 敎之讓."는 내용이 나온다. 주희가 쓴 《소학》과 우리나라 《사자소학》에도 이 내용은 어김없이 등장한다.

먹고 마시거나 앉거나 걸을 때는
윗사람이 우선이고 아랫사람은 나중이다.

중국어 읽기	或 饮 食	或 坐 走	长 者 先	幼 者 后
	huò yīn shí	huò zuò zǒu	zhǎng zhě xiān	yòu zhě hòu

長呼人　即代叫　人不在　己即到
장 호 인　즉 대 규　인 불 재　기 즉 도

長呼人　웃어른(長)이 사람(人)을 부르면(呼)
　　　　人인은 나 이외의 다른 사람을 지칭하는 말이다.

即代叫　즉시(即) 대신(代) 불러 주고(叫),
　　　　即즉은 부사로 앞의 동작이나 행위가 다음 동작이나 행위와
　　　　긴밀하게 연결됨을 나타내는 말이다.

人不在　그 사람(人)이 있지(在) 않으면(不)

己即到　내(己)가 바로(即) 도착한다(到).
　　　　己기는 1인칭으로 자기 자신을 말한다.

어른이 누군가를 부르면 즉시 대신 불러 주고,
그 사람이 없으면 내가 즉시 달려간다.

중국어읽기

长呼人　即代叫　人不在　己即到
zhǎng hū rén　jí dài jiào　rén bú zài　jǐ jí dào

稱尊長　勿呼名　對尊長　勿見能
칭 존 장　물 호 명　대 존 장　물 현 능

稱尊長　　어른(尊長)을 호칭할(稱) 때는

勿呼名　　이름(名)을 불러서는(呼) 안 된다(勿).

對尊長　　어른(尊長)을 대할(對) 때는
　　　　　對대는 '대하다', '만나다'의 의미로 사용되었다.
　　　　　稱尊長과 對尊長은 서로 대구를 이루고 있다.

勿見能　　재주(能)를 보여서는(見) 안 된다(勿).
　　　　　見현은 통가 자로 쓰여서 '보이다', '표현하다'의 現현과 같다.

《논어》〈자로子路〉에 "명칭이 바르지 않으면 말이 순조롭지 못하고, 말이 순조롭지
못하면 일이 이루어지지 않는다. 名不正 則言不順 言不順 則事不成." 고 하여, 고대
예법에서는 어른의 이름을 함부로 부르면 안 되었다.

어른을 부를 때 이름을 불러서는 안 되며
어른 앞에서는 자기 능력을 자랑하지 말라.

중국어읽기	称 尊 长	勿 呼 名	对 尊 长	勿 见 能
	chēng zūn zhǎng	wù hū míng	duì zūn zhǎng	wù xiàn néng

路遇長　疾趨揖　長無言　退恭立
노 우 장 　 질 추 읍 　 장 무 언 　 퇴 공 립

路遇長　길(路)에서 어른(長)을 만나면(遇)

疾趨揖　빨리(疾) 달려가서(趨) 인사하고(揖).
　　　　疾질은 부사로는 '빨리', '급히'라는 뜻이다.
　　　　揖읍은 두 손을 모으고 허리를 깊숙이 숙여 하는 인사이다.

長無言　어른(長)이 말씀(言)을 하지 않으면(無)

退恭立　공손하게(恭) 서서(立) 물러나라(退).

《예기》〈곡례〉에 나오는 "길에서 어른을 만나면 달려가 바르게 선 다음 두 손을
앞으로 공손히 모으고, 어른이 함께 말을 하면 대답하고 함께 말을 하지 않으면
달리는 걸음으로 물러나야 한다. 遭先生於道 趨而進 正立拱手 先生與之言則對 不與
之言則趨而退."에서 나온 예법이다.

길에서 어른을 만나면 빨리 가서 인사하고,
어른이 말씀을 안 하시면 공손하게 서서 비켜나라.

중국어읽기	路 遇 长 lù yù zhǎng	疾 趋 揖 jí qū yī	长 无 言 zhǎng wú yán	退 恭 立 tuì gōng lì

騎下馬　乘下車　過猶待　百步餘
기 하 마　　승 하 차　　과 유 대　　백 보 여

騎下馬　말을 타고(騎) 있으면 말(馬)에서 내리고(下)

乘下車　수레를 타고(乘) 있으면 수레(車)에서 내려라(下).

過猶待　지나가시면(過) 그대로(猶) 기다리되(待).
　　　　猶유는 부사로 상황이 변하지 않음을 나타내므로, '여전히',
　　　　'또한' 등으로 풀이할 수 있다.

百步餘　백(百) 걸음(步) 정도(餘)로 (하라).
　　　　백 걸음은 어른의 얼굴이 보이지 않을 만큼의 거리인데,
　　　　이 정도 기다린 후에 다시 수레에 오르거나 말을 타고 자신의
　　　　갈 길을 가라는 것이다. 이 같은 행동이 어른을 존중하는
　　　　마음을 드러내는 태도로 여겼던 때문이다.

말이나 수레에서 내려 인사를 하고,
어른이 가시면 백여 걸음 정도 기다려라.

중국어읽기	骑 下 马	乘 下 车	过 犹 待	百 步 馀
	qí xià mǎ	chéng xià chē	guò yóu dài	bǎi bù yú

長者立 幼勿坐 長者坐 命乃坐
장 자 립 유 물 좌 장 자 좌 명 내 좌

長者立 　나이 드신(長) 분(者)이 서 계시면(立)

幼勿坐 　어린 사람(幼)은 앉아서는(坐) 안 된다(勿).

長者坐 　나이 드신(長) 분(者)이 앉고 나서(坐)

命乃坐 　앉으라고(坐) 하면(命) 그때서야(乃) (앉아라).
　　　　乃내는 '비로소', '곧'의 의미로 쓰였다.

《예기》〈곡례〉에 "아버지의 친구를 뵈었을 때에 나아가라는 말이 없으면 감히
나아가지 않으며, 물러가라는 말이 없으면 감히 물러가지 않으며, 묻지 않으면
감히 대답하지 않는다. 見父之執, 不謂之進 不敢進, 不謂之退 不敢退, 不問 不敢
對."라는 내용이 나온다. 즉 아버지의 친구도 자신의 아버지처럼 존경하라는 의미로,
여기에서는 손윗사람을 가리키고 있다.

어른이 서 계시면 앉아서는 안 되고,
어른이 앉으라고 말씀하시면 앉아라.

중국어읽기

長者立 幼勿坐 長者坐 命乃坐
zhǎng zhě lì　 yòu wù zuò　 zhǎng zhě zuò　 mìng nǎi zuò

尊長前 聲要低 低不聞 卻非宜
존 장 전　성 요 저　저 불 문　각 비 의

尊長前　어른(尊長) 앞(前)에서는

聲要低　목소리(聲)를 낮추어야(低) 한다(要).

低不聞　(목소리가) 낮아서(低) 들리지(聞) 않으면(不)

卻非宜　오히려(卻) 옳지(宜) 않다(非).
　　　　宜의는 '마땅하다', '마땅히 ~하여야만 한다', '옳다'의 뜻이다.
　　　　卻각은 부사로 동작과 행위의 반전, 역접을 나타내는 말로
　　　　쓰인다.

어른 앞에서는 목소리를 낮추되
너무 작아 들리지 않으면 도리어 바람직하지 않다.

중국어 읽기	尊 长 前 zūn zhǎng qián	声 要 低 shēng yào dī	低 不 闻 dī bù wén	却 非 宜 què fēi yí

進必趨　退必遲　問起對　視勿移
진 필 추　퇴 필 지　문 기 대　시 물 이

進必趨　앞으로 나아갈(進) 때는 반드시(必) 빨리 가고(趨)
　　　　趨추는 종종걸음으로 빨리 걷는 것인데, 이는 공경하는
　　　　태도를 보여 주는 의미로 하는 행동이다.

退必遲　물러날(退) 때는 반드시(必) 천천히(遲) 하라.

問起對　물어보시면(問) 일어나서(起) 대답하고(對)

視勿移　시선(視)을 이리저리 움직이지(移) 말라(勿).

어른을 뵐 때는 빠른 걸음으로 나아가고
물러날 때는 천천히 하여야 한다.
어른이 물어보시면 일어나 대답하고 시선을 움직이면 안 된다.

중국어읽기	进 必 趋	退 必 迟	问 起 对	视 勿 移
	jìn bì qū	tuì bì chí	wèn qǐ duì	shì wù yí

事諸父　如事父　事諸兄　如事兄
사 제 부　여 사 부　사 제 형　여 사 형

事諸父　모든(諸) 아버지(父) 모시기를(事)

如事父　내 아버지(父) 모시는(事) 것처럼(如) 하라.
　　　　如여는 부사로, 한 사물을 다른 사물과 직접 비유할 때
　　　　쓰이므로 '(마치) ~처럼', '(마치) ~같이'로 해석한다.

事諸兄　모든(諸) 선배(兄) 섬기기를(事)

如事兄　내 형(兄) 섬기는(事) 것처럼(如) 하라.

《사자소학》에서는 좀 더 구체적으로 "나이가 많아 곱절이 되거든 아버지로 섬기고,
열 살이 더 많으면 형으로 섬겨라. 年長以倍 父以事之 十年以長 兄以事之."라고
가르치고 있다.

모든 어른을 자신의 아버지처럼 대하고,
윗사람은 나의 친형처럼 대한다.

중국어읽기	事 诸 父	如 事 父	事 诸 兄	如 事 兄
	shì zhū fù	rú shì fù	shì zhū xiōng	rú shì xiōng

4.

근
謹

신중하라 謹

〈근謹〉은 어린이들에게 좋은 생활 습관을 갖도록 하는 여러 가지 규율을 나열하고 있는데, 주로 자녀들이 사회에서 생활하는 데 필요한 신중함을 강조하고 있다. '신중하기'가 지향하는 바는 크게 세 가지로, 첫째 자제력 기르기, 둘째 독립적인 생활 능력 배양, 셋째 일하는 능력 함양이다.

한자학漢字學에 대한 연구 성과를 집대성한 《설문해자說文解字》의 해설에서는 "근은 신중함이다. 謹 愼也."라고 풀이하고 있다. '근'은 '근신하고 조심한다는 뜻'에, '신중하고 공경하고 주도면밀함'이라는 의미까지 포함한다.

신중함이 어느 정도에 이르러야 하는지는 《예기》의 〈중용〉에 잘 나와 있다. "도道란 잠시도 떠날 수 없는 것이니 떠날 수 있으면 도가 아니다. 그러므로 군자는 보이지 않는 것에도 경계하고 삼가며, 들리지 않는 것에도 두려워한다. 숨겨진 것보다 더 잘 드러나는 것이 없으며 작은 일보다 더 잘 나타나는 것이 없다. 그러므로 군자는 홀로 있는 것을 삼가는 것이다. 道也者不可須臾離也 可離非道也. 是故君子戒愼乎其所不睹 恐懼乎其所不聞. 莫見乎隱 莫顯乎微. 故君子愼其獨也."

《제자규》에서는 이러한 신중함의 예로 "빈 그릇을 들 때도 가득 든 것처럼 조심해서 들고, 사람이 없는 방에 들어갈 때도 마치 사람이 있는 것처럼 하라. 執虛器 如執盈 入虛室 如有人"고 한다.

'신중함'은 마음의 수양과 몸을 갈고닦는 것으로, 다른 사람이 보지 않더라도 또 남이 모르더라도 자기 자신을 속이지 않고 마음과 행동이 일치하는 것을 말한다. 일반적으로 우리는 누가 보지 않고 혼자 있게 되면 긴장을 풀고 편하게 생활하게 된다. 그러기에 유가에서는 이를 경계하여 혼자 있을 때도 다른 사람이 보고 있는 것처럼 신중하게 생활하라고 당부하고 있다.

《제자규》에서 말하는 '신중함'은 아주 작은 행동 하나하나를 가르치는 《동몽수지童蒙須知》에 나오는 내용을 바탕으로 삼고 있다. 《동몽수지》는 우리가 잘 알고 있는 주자朱子가 《소학小學》을 집필하기 이전에 개인 서당과 학교의 규칙으로 쓴 계몽 교재이다. 이 책은 주자 나이 34세(1163년)에 쓴 책으로, 그 이름에서도 짐작할 수 있듯이 '어린이가 본격적으로 학문에 입문하기 전 기본적으로 갖추어야 할 도리와 예절을 간략하게 적은 수신서修身書'이다.

《동몽수지》는 〈의복관리衣服冠履〉·〈언어보추言語步趨〉·〈쇄소연결灑掃涓潔〉·〈독서사문자讀書寫文字〉·〈잡세사의雜細事宜〉의 총 5장 38항목으로 이루어져 있다.

유학을 집대성한 주자(주희)는 유가의 도덕적 인간의 양성에 있어서 어린이 시기의 교육이 아주 중요한 역할을 차지한다고 생각하였다. 곧 기초적인 예절과 도에 대한 소학 교육이 수신修身, 제가濟家, 치국治國, 평천하平天下의 근본이 된다고 여겼다. 그러기에《동몽수지》의 서문에 "무릇 어린이의 배움은 옷 입고 관 쓰고 신을 신는 일에서 시작한다. 夫童蒙之學, 始於衣服冠履."라고 하면서 〈의복관리〉를 가장 앞부분에 두고 있다.

주자가 〈의복관리〉를 가장 먼저 말한 까닭은 이것이 바로 수신의 기본이라고 여겼기 때문이다. 우리가 볼 때 그다지 중요하게 여기지 않아도 될 것 같은 일을, 주자는 외면의 엄중함을 통해 내면의 마음을 다잡는 수신 방법으로 여겼다. 그래서 "사람이 되려면 신체를 단정히 하여야 한다. 방법은 의복, 관(모자), 버선(양말)을 단정히 입는 데서 출발한다. 大抵爲人 先要身體端整. 自冠巾 衣服 鞋韈."고 말하고 있다.

옛날 사람들은 옷과 모자가 그 사람의 인격과 교양을 반영한다고 생각했기에 이를 깨끗하고 단정하게 유지해야만 했다. 그러기에 종종 옷차림이나 모자를 보고 그 사람 됨됨이를 평가하기도 하였다. 이는 대수롭지 않아 보이는 작은 생활 습관이나 태도가 일생의 성패를 좌우하는 요소라고 생각한 데서 출발한 것이다. 그러기에 일상생활에서 소소하지만 내가 입었던 옷과 신발을 정리하는 습관을 어려서부터 갖게 하여, 좀 더 짜임새 있고 절제하는 생활의 밑바탕이 되도록 하였다.

《제자규》에서는 이러한 생활 습관을 다음과 같은 문장으로 간략하게 표현하고 있다.

"아침에 일어나서는 얼굴과 이를 닦고, 화장실에 다녀와서는 바로 깨끗이 손을 씻어야 한다. 모자는 단정히 쓰고 단추는 잘 채워야 한다. 양말은 가지런히 신고 신발 끈은 잘 매야 한다. 옷을 벗어 놓을 때는 제자리에 잘 두고 아무데나 함부로 두어 더럽혀지지 않도록 한다. 晨必盥 兼漱口 便溺回 輒淨手 冠必正 紐必結 襪與履 俱緊切 置冠服 有定位 勿亂頓 致汗穢."

《동몽수지》〈잡세사의雜細事宜〉에는 "무릇 음식은 있으면 먹고 없으면 생각하지 말아야 한다. 다만 죽이든 밥이든 굶주림만 채우면 되고 굶지는 말아야 한다. 먹는 음식을 가지고 많고 적음이나 좋고 나쁨을 따지지 말아야 한다. 凡

飲食 有則食之, 無則不可思索. 但粥飯充饑不可缺. 凡飲食之物 勿爭較多少美惡."며 편식하지 말 것을 당부하는 내용이 들어 있다.

이를《제자규》에서는 "음식을 대할 때는 가리지 말고 적당히 먹고 과식을 해서는 안 된다. 對飲食 勿揀擇 食適可 勿過則."로 축약하였다.

이 밖에도《동몽수지》의 〈언어보추語言步趨〉에는 "사람의 걸음걸이는 반드시 단정해야 한다. 빨리 달리거나 껑충껑충 뛰거나 머뭇거리며 더디게 가는 것은 모두 절도에 맞지 않는다. 凡行步趨蹌 須是端正 不可疾走 跳躑."고 말한다.

《제자규》는 이를 세 글자로 운을 맞추어 "길을 걸을 때는 차분하고, 서 있을 때는 자세를 단정히 하고, 인사를 할 때는 허리를 잘 숙여 공경하는 자세를 취해야 한다. 문지방을 밟지 말며, 비스듬히 기대서지 말고, 다리를 뻗고 앉아서는 안 되며, 다리를 떨지 말아야 한다. 步從容 立端正 揖深圓 拜恭敬 勿踐閾 勿跛倚 勿箕踞 勿搖髀."로 표현하고 있다.

또 〈잡세사의〉에서 "무릇 떠들고 싸우는 곳에는 가까이 가지 말고, 무익한 일은 하지 말아야 한다. 凡喧哄鬥爭之處 不

可近, 無益之事 不可爲."고 하여, 정당하지 못하고 괴이한 일에는 처음부터 호기심도 갖지 말라고 당부하고 있다.

《제자규》에서는 이것을 "싸움이 벌어지는 곳에는 절대로 가까이 가지 말아야 하고, 옳지 않은 일은 결코 호기심을 가져서 묻지도 말아야 한다. 鬪鬧場 絕勿近 邪僻事 絕勿問."고 하여 아이들의 무궁무진한 호기심도 절제가 필요하다고 일깨우고 있다.

공자도 "괴이한 일과 힘쓰는 일과 어지러운 일과 귀신에 대해서는 말씀하지 않으셨다. 子不語怪力亂神."고 했으니, 우리에게도 분별력을 가지고 생활하는 자세가 필요함을 강조한 것이다.

'신중함謹'은 무슨 일을 하기 전에 반드시 '왜 이 일을 하는지' 생각해 보고, 이 일을 해야 할지 말아야 할지, 해야 한다면 어떻게 일을 잘할 수 있을지를 생각하고 행동하는 것이다. 그러기에 작은 일 하나라도 함부로 대하거나 행동하지 말 것을 당부하면서 다음과 같은 예를 들고 있다.

"발을 걷어 올릴 때는 소리를 내지 말고, 모퉁이를 돌 때는 크게 돌아 모서리에 부딪치지 않도록 한다. 빈 그릇을 들 때도 가득 든 것처럼 조심해서 들고, 사람이 없는 방에 들어갈 때도 마치 사람이 있는 것처럼 한다. 緩揭簾 勿有聲 寬轉彎 勿觸棱 執虛器 如執盈 入虛室 如有人."

그런데 공자의 학맥을 이은 맹자가 바로 위에서 당부한 신중한 태도를 실천하지 못해서 어머니의 질책을 받고 자신의 잘못을 깨달았다는 재미난 이야기가 있다.

어느 날 맹자는 일을 보러 밖에 나갔다가 갑자기 집에 돌아오게 되었다. 맹자는 아무 생각 없이 별다른 기척도 하지 않고 방문을 열고 안으로 들어갔다. 이때 방 안에 혼자 있던 아내가 보기 싫게 발을 뻗고 앉아 있었는데, 평소 예의를 중시하던 맹자 눈에는 그 자세가 몹시 천박하고 교양이 없어 보였다. 누구보다도 예의를 강조하던 맹자는 화가 나서 어머니에게 예를 제대로 실천하지 못하는 여자와 살 수 없으니 헤어져야겠다고 말했다.

누구보다도 현명하고 아들 교육에 엄격했던 어머니는 맹

자에게 다음과 같이 물었다.

"네가 집에 들어설 때 문을 두드렸느냐? 집 안에 누가 있는지 큰 소리로 물어봤느냐? 방 안에 들어설 때 눈을 낮추었느냐?"

맹자가 그러지 못했노라고 대답하자 맹자 어머니는 "예의가 없는 건 너도 마찬가지다. 집 안에 들어서면서 사람이 있는지 묻지도 않고, 또 방에 들어설 때도 기척하지 않고 들어가 곧바로 너의 아내를 바라보지 않았느냐? 과연 너는 예의 바르게 굴었는지 생각해 보아라"라고 말하였다.

어머니 말을 들은 맹자는 부끄러워서 곧바로 자신의 잘못을 인정하고 아내와 헤어지려는 마음을 접었다고 한다.

사실 대수롭지 않은 작은 일조차 제대로 처리하지 못하면서 큰일을 잘해 낼 수 있다고 생각하는 건 어리석은 착각일 뿐이다. 지금 내 눈에 하찮아 보이는 일이 큰일을 이루어 내는 기반이 되므로, 작은 일이라고 함부로 하지 말고 차근차근 해 나가라고 《제자규》는 말한다.

노자老子는 《도덕경道德經》에서 "어려움을 극복하려면 쉬운 것부터 도모하고, 작은 것부터 시작하여 큰일을 하라. 세상의 어려운 일들은 모두 쉬운 것에서부터 출발하고, 세상의 모든 큰 업적은 작은 것에서부터 비롯되었다. 그러므로 성인은 항상 큰 것부터 시작하지 않았어도 마침내 큰일을 해냈다. 圖難於其易 爲大於其細. 天下難事 必作於易 天下大事 必作於細. 是以聖人終不爲大 故能成其大"고 말하였다.

《제자규》에는 이처럼 생활 속에서 우리가 실천해야 할, 작지만 필요한 '신중함謹'의 방법들을 하나하나 제시하고 있다.

朝起早 夜眠遲 老易至 惜此時
조 기 조　　야 면 지　　노 이 지　　석 차 시

朝起早　아침(朝)에는 일찍(早) 일어나고(起)

夜眠遲　밤(夜)에는 잠(眠)을 늦게(遲) 잔다.
시간을 소중히 여기고 열심히 공부해야 함을 말한다.

老易至　늙음(老)은 쉽게(易) 오니(至)
易이는 '쉽다'는 뜻으로 쓰였을 때는 '이'로, '바꾸다'라는 뜻으로
쓰였을 때는 '역'이라고 읽는다.

惜此時　이(此) 시간(時)을 아껴야(惜) 한다.

《사자소학》에서도 역시 "아침 일찍 일어나고 밤늦게 잠자리에 들어 책 읽기를
게을리하지 말라. 夙興夜寐 勿懶讀書."고 강조하였다.

아침에는 일찍 일어나고 저녁에는 늦게 잔다.
인생은 짧으므로 시간을 아껴야 한다.

중국어 읽기	朝 起 早 zhāo qǐ zǎo	夜 眠 迟 yè mián chí	老 易 至 lǎo yì zhì	惜 此 时 xī cǐ shí

晨必盥　兼漱口　便溺回　輒淨手
신 필 관　겸 수 구　변 익 회　첩 정 수

晨必盥　아침(晨)에는 반드시(必) (얼굴을) 씻어야(盥) 한다.

兼漱口　또(兼) 입(口)안을 양치질한다(漱).
兼겸은 접속사로 관련 있는 다른 일이나 이유를 보충하며,
'또', '동시에' 등으로 풀이하면 된다.

便溺回　대변(便)과 소변(溺)을 누고 나서는(回)
便溺변익은 '화장실에 가는 것'을 지칭하고, 回회는
'볼일을 보고 나서' 혹은 '다녀와서'로 풀이할 수 있다.

輒淨手　항상(輒) 손(手)을 깨끗이(淨) 한다.

《사자소학》에서는 "새벽에는 반드시 먼저 일어나, 반드시 세수하고, 반드시
양치질하라. 晨必先起 必盥必漱."고 당부하고 있다.

아침에 일어나서는 얼굴과 이를 닦고,
화장실에 다녀와서는 바로 깨끗이 손을 씻어야 한다.

冠必正　紐必結　襪與履　俱緊切
관 필 정　뉴 필 결　말 여 리　구 긴 체

冠必正　모자(冠)는 반드시(必) 바르게(正) 쓰고

紐必結　단추(紐)는 꼭(必) 잘 채워야(結) 한다.

襪與履　양말(襪)과(與) 신발(履)은

俱緊切　모두(俱) 단단히(緊) 묶는다(切).
　　　　切체는 '절'과 '체'의 두 가지로 읽는데, 여기에서는 '밀착하다',
　　　　'바짝 죄다'의 뜻으로 쓰였으므로 '체'라고 읽는다.

《사자소학》에도 "옷과 모자는 바르고 가지런하게 하라. 衣冠整齊."는 내용이 나온다.

모자는 단정히 쓰고 단추는 잘 채워야 하고,
양말은 가지런히 신고 신발 끈을 잘 매야 한다.

중국어읽기	冠 必 正	纽 必 结	袜 与 履	俱 紧 切
	guān bì zhèng	niǔ bì jié	wà yǔ lǚ	jù jǐn qiè

置冠服　有定位　勿亂頓　致汚穢
치 관 복　유 정 위　물 란 돈　치 오 예

置冠服　모자(冠)와 옷(服)을 둘(置) 때는

有定位　정해진(定) 자리(位)가 있어서(有)

勿亂頓　어수선하게(亂) 처리하지(頓) 말라(勿).
　　　　頓돈은 '정리하다' 혹은 '처리하다'라는 뜻으로 쓰였다.

致汚穢　더럽고(汚) 지저분하게(穢) 된다(致).
　　　　致치는 '가져오다', '야기하다'의 뜻으로 사용되었다.

옷과 모자를 벗어 놓을 때는 제자리에 잘 두고,
아무 데나 함부로 두어 더럽혀지지 않도록 한다.

<table>
<tr><td rowspan="2">중국어읽기</td><td>置冠服
zhì guān fú</td><td>有定位
yǒu dìng wèi</td><td>勿乱顿
wù luàn dùn</td><td>致污秽
zhì wū huì</td></tr>
</table>

衣貴潔　不貴華　上循分　下稱家
의 귀 결　불 귀 화　상 순 분　하 칭 가

衣貴潔　옷(衣)은 깨끗함(潔)이 중요하고(貴)

不貴華　화려함(華)을 중시하면(貴) 안 된다(不).

上循分　먼저(上) 신분(分)에 따르고(循)
　　　　分분은 '신분과 장소'를 가리킨다. 즉 옷을 입을 때는 자신의
　　　　신분에 적절하면서 장소에도 어울리게 입어야 한다는 것이다.

下稱家　다음(下)에 집안 형편(家)에 어울려야 한다(稱).
　　　　稱칭은 '고려하다', '따져 보다', '부합하다'라는 뜻으로
　　　　사용되었다.
　　　　고대에는 신분에 등급이 정해져 있어 제복이라고 하였다.
　　　　곧 신분에 합당한 복장을 하는 것이 합당한 예의였다.

공자는 《논어》〈술이述而〉에서 "사치스러우면 불손하고 검소하면 고루하나,
불손하기보다는 차라리 고루한 것이 낫다. 奢則不孫 儉則固 與其不孫也 寧固."고
하며 검소함을 도리어 중시하였다.

옷은 깨끗함을 중시하고 비싸고 화려하지 않도록 하며,
자신의 신분에 걸맞고 가정의 경제 상황에 적절해야 한다.

중국어읽기	衣 貴洁	不 貴华	上 循 分	下 称 家
	yī guì jié	bú guì huá	shàng xún fēn	xià chèn jiā

對飲食 勿揀擇 食適可 勿過則
대 음 식　물 간 택　식 적 가　물 과 칙

對飲食　마시고(飲) 먹는(食) 것을 대할(對) 때는

勿揀擇　가리고(揀) 골라내서는(擇) 안 된다(勿).
　　　　揀擇간택은 음식을 이것저것 가리는 편식을 의미한다.

食適可　적당히(適) 먹는(食) 것이 좋고(可)
　　　　適적은 적당한 양을 말한다.
　　　　可가는 조동사로 가능이나 허가를 나타내며 '할 수 있다',
　　　　'~ 해도 된다', '가능하다', '좋다' 등으로 풀이한다.

勿過則　표준(則)을 넘어서는(過) 안 된다(勿).
　　　　過과는 초과의 의미, 則칙은 법칙이므로 過則은 과식을
　　　　뜻한다.

음식을 대할 때는 가리지 말고,
적당히 먹고 과식을 해서는 안 된다.

중국어읽기	对饮食	勿拣择	食适可	勿过则
	duì yǐn shí	wù jiǎn zé	shí shì kě	wù guò zé

年方少　勿飮酒　飮酒醉　最爲醜
연 방 소　물 음 주　음 주 취　최 위 추

年方少 나이(年)가 어릴(少) 때(方)에는
　　　　方방은 전치사로 동작이 일어난 시간을 나타내므로, '~때',
　　　　'~에 이르러' 등으로 해석한다.

勿飮酒 술(酒)을 마셔서는(飮) 안 된다(勿).

飮酒醉 술(酒)을 마시고(飮) 취하면(醉)

最爲醜 아주(最) 추하게(醜) 변한다(爲).
　　　　醜추는 '추태를 보이다'의 의미로 술에 취하게 되면 말과
　　　　행동이 단정해지지 않는 현상을 말한다.
　　　　爲위는 '~으로 변(변화)하다', '~이 되다'의 뜻으로 풀이한다.

어린 시절에 술을 마셔서는 안 되며,
술에 취하면 아주 추하다.

중국어읽기	年 方 少 nián fāng shào	勿 饮 酒 wù yǐn jiǔ	饮 酒 醉 yǐn jiǔ zuì	最 为 丑 zuì wéi chǒu

90

步從容　立端正　揖深圓　拜恭敬
보 종 용　입 단 정　읍 심 원　배 공 경

步從容　걸을(步) 때는 느리고(從) 조용하며(容)
從容종용은 조용하고 침착한 태도로 빠르지도 느리지도 않은
걸음걸이를 말한다.

立端正　서(立) 있을 때는 단정하고(端) 발라야(正) 한다.

揖深圓　인사할(揖) 때는 깊숙이(深) 허리를 굽혀(圓)
揖읍은 옛날에 경의를 나타내는 인사 예법이었다.

拜恭敬　공손하고(恭) 정중하게(敬) 인사한다(拜).

《사자소학》에도 "걸음걸이는 편안하고 침착히 하라. *步履安詳.*"와 "걸어갈 때에
걸음을 거만하게 걷지 말라. *行勿慢步.*"는 내용이 나온다.

걸을 때는 차분히 하고 서 있을 때는 자세를 단정히 하며,
인사할 때는 공경하는 자세로 허리를 숙인다.

중국어 읽기	步 从 容 bù cóng róng	立 端 正 lì duān zhèng	揖 深 圆 yī shēn yuán	拜 恭 敬 bài gōng jìng

勿踐閾 勿跛倚 勿箕踞 勿搖髀
물 천 역　　물 피 의　　물 기 거　　물 요 비

勿踐閾　문지방(閾)을 넘지(踐) 말며(勿)
　　　　　閾역 즉 문지방은 안과 바깥을 구별하는 경계에 해당하며,
　　　　　사대부들은 대궐 문을 출입할 때 문지방을 밟지 않았다고
　　　　　한다.

勿跛倚　비스듬하게(跛) 기대지(倚) 말며(勿)
　　　　　跛피는 '비스듬히 서다'의 뜻으로 쓰면 '피', '절름발이'의 뜻으로
　　　　　쓰이면 '파'로 읽는다.

勿箕踞　두 다리를 벌리거나(箕) 쪼그려 앉지(踞) 말며(勿)

勿搖髀　넓적다리(髀)를 흔들지(搖) 말라(勿).

《논어》〈향당鄕黨〉에 "공자께서는 궁궐의 문에 들어가실 적에 몸을 굽히시어 문이
작아 들어가기에 넉넉하지 못한 것처럼 하셨으며, 서 있을 때에는 문 가운데에 서지
않으시고, 다니실 때에 문턱을 밟지 않으셨다. 入公門鞠躬如也 如不容 立不中門 行不
履閾."를 근거로 한 것이다.
《예기》〈곡례〉에도 "서 있을 때에는 몸을 한쪽 다리에 의지하여 비스듬히 서지 말라.
立毋跛."는 말이 나온다.

문지방을 밟지 말며 비스듬히 기대서지 말고,
다리를 뻗고 앉아서도 안 되며 다리를 떨지 말아야 한다.

중국어읽기	勿 踐 阈	勿 跛 倚	勿 箕 踞	勿 摇 髀
	wù jiàn yù	wù bǒ yǐ	wù jī jù	wù yáo bì

緩揭簾　勿有聲　寬轉彎　勿觸棱
완 게 렴　　물 유 성　　관 전 만　　물 촉 릉

緩揭簾　발(簾)은 천천히(緩) 들어 올려서(揭)
揭게는 여러 가지 뜻이 있지만 여기에서는 '높이 들다', '걷어
올리다'의 의미로 사용되었다.

勿有聲　소리(聲)가 나지(有) 않도록(勿) 한다.

寬轉彎　모퉁이(彎)는 넓게(寬) 돌아서(轉)
寬관은 폭이나 면적, 범위가 넓음을 말한다.

勿觸棱　모서리(棱)에 부딪치지(觸) 않도록(勿) 한다.

발은 천천히 걷어 올려 소리를 내지 말고,
모퉁이는 크게 돌아 모서리에 부딪치지 않도록 한다.

중국어읽기

緩揭帘　　勿有声　　寬转弯　　勿触棱
huǎn jiē lián　　wù yǒu shēng　　kuān zhuǎn wān　　wù chù léng

執虛器　如執盈　入虛室　如有人
집 허 기　여 집 영　입 허 실　여 유 인

執虛器　빈(虛) 그릇(器)을 들(執) 때에는

如執盈　꽉 차(盈) 있는 것처럼(如) 잡는다(執).
　　　　盈영은 '가득 차다', '많다', '넘치다'의 뜻을 가지고 있다.

入虛室　빈(虛) 방(室)에 들어갈(入) 때도

如有人　사람(人)이 있는(有) 것처럼(如) 한다.
　　　　如여는 많은 뜻을 가지고 있지만, 여기에서는 '같게 하다', '~와
　　　　같다'로 사용되었다.

《예기》〈소의少儀〉의 "빈 그릇을 잡을 때에도 물건이 가득 찬 것을 잡듯이 신중하게
하고, 사람이 없는 방에 들어갈 때에도 사람이 있는 것같이 예의 바르게 행동한다.
執虛如執盈 入虛如有人."에서 따온 말이다.

빈 그릇을 들 때도 가득 든 것처럼 조심해서 들고,
사람이 없는 방에 들어갈 때도 사람이 있는 것처럼 여긴다.

중국어읽기	执虚器	如执盈	入虚室	如有人
	zhí xū qì	rú zhí yíng	rù xū shì	rú yǒu rén

事勿忙　忙多錯　勿畏難　勿輕略
사 물 망　망 다 착　물 외 난　물 경 략

事勿忙　일(事)을 서두르지(忙) 말라(勿).

忙多錯　서두르면(忙) 잘못(錯)이 많아진다(多).

勿畏難　(일을) 두려워하거나(畏) 어려워하지(難) 말고(勿)
　　　　畏외는 '두려워하거나 꺼린다'는 의미이다.

勿輕略　(일을) 가벼이(輕) 하거나 소홀히(略) 하지 말라(勿).
　　　　輕경은 '가벼이 여기다', '업신여기다'라는 의미이며,
　　　　略략은 '생략하다' 혹은 '대강', '대충'으로 풀이하면 된다.

《예기》〈중용〉에 나오는 "모든 일은 준비하면 일이 되고, 준비하지 못하면 일이
잘못된다. 凡事豫則立 不豫則廢."가 바탕이 된 내용이다.

일을 할 때 서두르지 말라. 서두르다 보면 잘못을 저지르기
쉽다. 어렵거나 꺼려지는 일도 경솔하거나 소홀히 처리해서는 안 된다.

중국어읽기	事 勿 忙 shì wù máng	忙 多 错 máng duō cuò	勿 畏 难 wù wèi nán	勿 轻 略 wù qīng lüè

鬪鬧場　絕勿近　邪僻事　絕勿問
투 요 장　　절 물 근　　사 벽 사　　절 물 문

鬪鬧場　다투고(鬪) 싸우는(鬧) 곳(場)에는

絕勿近　결코(絕) 가까이(近) 말라(勿).
絕절은 동사로 쓰일 때는 '끊다', '끝나다'의 뜻이지만,
여기에서는 부사로 '절대로', '결코'라는 뜻으로 부정의 의미를
지니고 있다.

邪僻事　사악하고(邪) 비루한(僻) 일(事)은
邪사는 간사하고 바르지 못한 것을,
僻벽은 간교하고 비뚤어진 것을 이른다.

絕勿問　절대로(絕) 묻지도(問) 말라(勿).

싸움이 벌어지는 곳에는 절대로 가까이 가지 말고,
옳지 않은 일은 결코 호기심을 가져서 묻지도 말아야 한다.

중국어읽기	斗闹场	绝勿近	邪僻事	绝勿问
	dòu nào chǎng	jué wù jìn	xié pì shì	jué wù wèn

將入門 問孰存 將上堂 聲必揚
장 입 문　　문 숙 존　　장 상 당　　성 필 양

將入門　문(門)에 들어가려고(入) 할 때는(將)
　　　　　將장은 부사로 가까운 미래를 나타내며, '(머지않아) ~하려
　　　　　하다', '(장차) ~할 것이다'의 뜻으로 사용하였다.

問孰存　누가(孰) 있는지(存) 물어본다(問).
　　　　　孰은 의문사로 '누구', '무엇' 등의 뜻으로 쓰인다.

將上堂　당(堂)에 올라가려고(上) 할(將) 때는

聲必揚　반드시(必) 소리(聲)를 높여(揚) 말한다.

《예기》〈곡례〉의 "마루에 올라가려고 할 때는 반드시 안에서 들을 수 있도록 소리를
높여서 말해야 하며, 문밖에 두 사람의 신발이 있고 말소리가 들리면 들어가고,
말소리가 들리지 않으면 들어가지 말라. 將上堂 聲必揚 戶外有二屨 言聞則入 言不聞
則不入."가 근거가 된 내용이다.

다른 사람의 집에 들어서기 전에 누가 있는지 묻고,
마루에 올라서서는 소리를 크게 낸다.

중국어읽기	将 入 门	问 孰 存	将 上 堂	声 必 扬
	jiāng rù mén	wèn shú cún	jiāng shàng táng	shēng bì yáng

人問誰　對以名　吾與我　不分明
인 문 수　대 이 명　오 여 아　불 분 명

人問誰　다른 사람(人)이 누구인지(誰) 물어보면(問)

對以名　이름(名)으로(以) 대답한다(對).
以이는 전치사로 동작이나 행위의 도구·수단·의지·전제·표준
등을 이끌어 낼 때 사용한다. '～ 으로써', '～을(를) 가지고', '～
에 따라서', '근거하여' 등으로 풀이할 수 있다.

吾與我　저(吾)와(與) 나(我)라고 하면
吾오와 我아는 모두 1인칭 대명사이다. 吾는 주어와 목적어로
많이 쓰이지만 둘의 활용에 큰 구별은 없다.

不分明　구별(分)이 분명하지(明) 못하다(不).

누구인지 물으면 분명하게 내 이름을 말해야 한다.
그저 "나"라고만 하면 분명하지 않다.

중국어 읽기
人 问 谁　对 以 名　吾 与 我　不 分 明
rén wèn shuí　duì yǐ míng　wú yǔ wǒ　bù fēn míng

用人物　須明求　倘不問　即爲偸
용 인 물　　수 명 구　　당 불 문　　즉 위 투

用人物　다른 사람(人)의 물건(物)을 쓸(用) 때는

須明求　마땅히(須) 분명하게(明) 말해야(求) 한다.
　　　　　須수는 부사로 그렇게 해야 함을 나타내는 뜻으로, '마땅히 ~
　　　　　해야 한다', '반드시 ~ 해야 한다'로 사용한다.

倘不問　만일(倘) 물어보지(問) 않으면(不)
　　　　　倘당은 접속사로 가설을 나타낸다. '만약', '만일', '혹시', '설령'
　　　　　등으로 해석한다.

即爲偸　곧(即) 훔치는(偸) 것이다(爲).

남의 물건을 빌려 쓸 때는 상대방의 허락을 받아야 한다.
만일 물어보지 않고 사용하면 훔치는 행위가 된다.

중국어읽기	用 人 物	須 明 求	倘 不 问	即 为 偸
	yòng rén wù	xū míng qiú	tǎng bú wèn	jí wéi tōu

借人物　及時還　人借物　有勿慳
차 인 물　급 시 환　인 차 물　유 물 간

借人物　다른 사람(人)의 물건(物)을 빌렸으면(借)

及時還　때(時)맞추어 돌려줌(還)에 이르러야(及) 한다.
　　　　及급은 전치사로 시간과 조건을 나타낸다.
　　　　時시는 '때맞추다'라는 뜻의 동사이다.

人借物　다른 사람(人)이 물건(物)을 빌려 달라고(借) 하면

有勿慳　있다면(有) 인색하게(慳) 굴지 말라(勿).
　　　　慳간은 '아끼다', '망설이다', '쩨쩨함' 등으로 풀이한다.

남의 물건을 썼으면 바로 돌려주어야 한다.
다른 사람이 물건을 빌려 달라고 할 때,
그 물건이 있으면 인색하게 굴지 말아야 한다.

중국어읽기
借　人　物　　及　时　还　　人　借　物　　有　勿　慳
jiè rén wù　　jǐ shí huán　　rén jiè wù　　yǒu wù qiān

5.

신
信

신의가 있어야 한다信

성실은 유가의 윤리에서 중요한 내용이며, 신의는 사람 됨됨이를 나타내는 본질적인 요소의 하나이기도 하다. 《설문해자》에서 "신의는 성실 信 誠也."이라고 풀이하고 있는 것으로 미루어 보아 옛사람들이 '신의'를 성실과 같이 여겼음을 알 수 있다.

《제자규》에서는 무엇보다도 가장 먼저 말에 신의가 있어야 한다고 보았다. 즉 말에는 성실함이 있어야 하고 남을 속이거나 과장하고 터무니없는 말을 지껄이지 말아야 한다는 것이다.

공자의 가르침을 잘 받들었던 제자 증자曾子는 "나는 매

일 내 몸을 세 번 살핀다. 다른 사람을 위해 일을 도모하는 데 충실하지 않았는지? 벗과 함께 사귀는 데 신의를 잃지 않았는지? 스승에게 배운 것을 익히지 못하지는 않았는지? 吾日三省吾身 爲人謀而不忠乎 與朋友交而不信乎 傳不習乎."라는 유명한 말을 하였다. 즉 그가 하루를 반성하는 행위 가운데에는 '신의'가 중요한 한 부분을 차지한다.

《논어》〈학이〉에서 공자 역시 "벗과 사귀되 말을 하는데 신의가 있다면, 비록 그가 배우지 않았다고 하더라도 나는 반드시 그를 배운 사람이라고 하겠다. 與朋友交 言而有信 雖曰未學 吾必謂之學矣."고 하며 말에 대한 신의를 강조하고 있다.

앞에서도 말했듯이 신의는 '성실'과 짝을 이루는 것으로 《논어》〈위정爲政〉에서는 "사람으로서 성실성이 없으면 옳은지 모르겠다. 큰 수레에 끌채 마구리가 없고, 작은 수레에 멍에 막이가 없다면, 어떻게 수레가 갈 수 있겠는가? 人而無信 不知其可也 大車無輗 小車無軏 其何以行之哉."라고 하여 사람에게 있어서 가장 중요한 것으로 성실을 꼽고 있다.

그런데 이 신의는 '의로움'의 다른 표현이기도 하다. 말은 마음의 소리로 마음이 성실하면 말에 신의가 있을 수밖에 없다.

노자도 "믿음직한 말은 아름답지 않고, 아름다운 말은 믿음직하지 않다. 信言不美 美言不信."며 말의 진실성을 강조하였다. 그러므로 화려한 언변이나 저속한 말, 아부하는 말은 경계하며, 남의 좋은 점만을 말하고 다른 사람의 단점은 말하지 말라고 가르치고 있다. 또한 말을 할 때는 신중해야 하고, 자신이 분명히 알지 못하면 함부로 말하지 말고, 정확히 알지 못하는 일은 남에게 전하지도 말라고 가르친다.

우리는 대부분 좋은 말만 듣고 싶어 하고 자신의 잘못된 점을 지적해 주는 말을 듣기 싫어하는데, 이렇게 하면 좋지 않은 친구들만 가까이 다가오고 좋은 친구는 내게서 멀어진다고 《제자규》는 경고하고 있다.

《논어》〈계씨季氏〉에서 공자는 "유익한 벗이 세 가지이고 손해되는 벗이 세 가지이다. 벗이 정직하고, 벗이 성실하며, 벗이 견문이 많으면 유익하고, 벗이 편벽되고, 벗이 아첨을 잘하며, 벗이 말만 잘하면 해롭다. 益者三友 損者三友. 友直友諒友多聞 益矣, 友便辟友善柔友便佞 損矣."고 하며 우리에게 도움이 되는 친구와 손해를 입히는 친구를 구분하였다.

결국 당장은 마음이 아프고 힘들더라도 진정으로 나에게 충고를 아끼지 않는 친구가 좋은 친구이며, 듣기 좋고 번지르르한 말만 일삼는 친구는 결단코 나에게 도움이 되는 친구가 아님을 가슴에 새겨야 한다.

그러므로 《제자규》는 신의가 있는 사람이 되려면 비단 말 외에도 "다른 사람의 좋은 점은 본받으려고 노력하고, 다른 사람의 잘못을 보면 자신을 반성하여 잘못이 있으면 고치고, 만일 잘못이 없으면 더욱 주의하라. 見人善 即思齊 縱去遠 以漸躋 見人惡 即內省 有則改 無加警."고 당부하고 있다.

이는 공자가 "세 사람이 길을 걸어가면 그 가운데 반드시 나의 스승으로 삼을 사람이 있다. 그 사람의 장점을 발견하면 노력하여 그를 따라 배우고, 그에게서 결점이 있으면 나 자신을 돌아보아 나도 그와 같은 문제가 없나 생각해 보고, 있다면 고치도록 노력한다. 三人行 必有我師焉 擇其善者而從之 其不善者而改之."는 말에서 따온 것이다.

이 밖에도 《제자규》에서는 "사람은 자기도 모르게 잘못을 저지를 수 있는데, 이처럼 의도하지 않고 저지르는 것은 잘못이다. 하지만 의도를 가지고 잘못을 저지르면 죄로, 자신의 잘못을 알고 이를 고치면 잘못이 없는 것과 다름없지만, 잘못을 알고도 이를 고치지 않으면 이는 잘못에 또 잘못을 더하는 것이다. 無心非 名爲錯. 有心非 名爲惡 過能改 歸於無, 倘掩飾 增一辜."라고 경고한다.

《논어》〈자장子張〉에서 자하子夏는 "소인은 허물이 있으면 반드시 변명한다. 小人之過也 必文."고 하였다. 사람은 누구나, 비록 성인이라 하더라도 잘못을 저지를 수 있지만, 그 사람됨이 졸렬한 사람은 구차한 이유로 자신의 잘못을 변명하면서 자신의 잘못을 인정하지 않는 비겁함을 비판한 것이다.

이처럼 《제자규》에서 말하는 '신의'는 공자의 사상이 바탕이 되어 신중한 말과 성실한 생활, 그리고 자신을 늘 경계하고 잘못이 있으면 이를 고치려고 노력하는 태도를 갖는 것임을 알 수 있다.

凡出言　信爲先　詐與妄　奚可焉
범 출 언　신 위 선　사 여 망　해 가 언

凡出言　무릇(凡) 말(言)을 내뱉을(出) 때는

信爲先　신용(信)이 먼저(先) 이다(爲).

詐與妄　속이는 말(詐)과(與) 망령된 말(妄)이
　　　　詐사는 '거짓말' 또는 '교묘한 말'을 뜻한다.
　　　　與여는 '~와(과)'라는 의미의 어조사로 사용되었다.

奚可焉　어떻게(奚) 가능(可) 하겠는가(焉).
　　　　奚해는 의문 부사로서 의문 어조사인 焉언과 어울려 반문을
　　　　나타내며 '어찌', '어떻게' 등으로 풀이한다.

말을 할 때는 신용이 있어야 한다.
어찌 거짓이나 이상한 말을 할 수 있겠는가?

중국어읽기

凡 出 言	信 为 先	诈 与 妄	奚 可 焉
fán chū yán	xìn wéi xiān	zhà yǔ wàng	xī kě yān

108

話說多 不如少 惟其是 勿佞巧
화 설 다   불 여 소   유 기 시   물 영 교

話說多　말(話說)을 많이(多) 하는 것은

不如少　적게(少) 하는 것보다(如) 못하다(不).
　　　　如여는 전치사로 비교 대상을 이끌므로 '~에 비하여',
　　　　'~보다'로 해석한다.

惟其是　오직(惟) 그것(其)은 바르고(是)
　　　　其기는 대명사로 사람과 사물을 모두 대신할 수 있는데
　　　　여기서는 '말'을 대신하는 말로 사용되었다.
　　　　是시는 '옳다', '바르다'의 뜻이며 非비의 상대어이다.

勿佞巧　아첨하고(佞) 교묘하지(巧) 않아야(勿) 한다.
　　　　佞巧영교는 간사하게 남을 속이거나 남의 비위에 맞게 꾸민
　　　　그럴싸한 말이다. 감언이설을 뜻한다.

《논어》〈위령공衛靈公〉에서 공자는 "말은 뜻을 전달하는 것일 뿐이다. 辭達而已
矣."라 하여 말에 대한 본질을 강조하였다.

말은 많이 하는 것보다 적게 하는 게 낫다.
오직 말은 바르게 하고, 과장되거나 듣기 좋은 말만 해서는 안 된다.

중국어 읽기	话说多 huà shuō duō	不如少 bù rú shǎo	惟其是 wéi qí shì	勿佞巧 wù nìng qiǎo

刻薄語　穢汚詞　市井氣　切戒之
각 박 어　　예 오 사　　시 정 기　　체 계 지

刻薄語　가혹하고(刻) 냉담한(薄) 말(語)

穢汚詞　거칠고(穢) 지저분한(汚) 말(詞)

市井氣　시장(市)과 마을(井)에 떠도는 나쁜 습성(氣)의
　　　　　氣기는 '나쁜 습관'이나 '좋지 않은 기풍'을 일컫는다.

切戒之　이런 것(之)들은 제발(切) 삼가라(戒).
　　　　　之지는 대명사로 다른 단어나 구, 문장을 가리키는데
　　　　　여기에서는 '이것', 곧 앞의 좋지 않은 말들을 지칭한다.
　　　　　切체는 '간절히'라는 의미로 사용되었다.

빈정대며 조롱하거나 지저분한 말,
세속에서 떠도는 말은 아예 입에도 담지 말라.

110

見未真 勿輕言 知未的 勿輕傳
견 미 진　물 경 언　지 미 적　물 경 전

見未真　보지(見) 못한(未) 사실(真)은
　　　　　未미는 부사로 동작이나 행위가 아직 발생하지 않았음을
　　　　　나타낼 때 쓴다.

勿輕言　함부로(輕) 말하지(言) 말라(勿).

知未的　확실히(的) 알지(知) 못하는(未) 것은
　　　　　的적은 부사로서 동작이나 행위의 확실성을 강조하므로
　　　　　'정확히', '확실히' 등으로 풀이한다.

勿輕傳　함부로(輕) 전하지(傳) 말라(勿).

자신이 분명히 알지 못하면 함부로 말하지 말고,
정확히 알지 못하는 일은 남에게 전하지도 말라.

중국어읽기	见 未 真	勿 轻 言	知 未 的	勿 轻 传
	jiàn wèi zhēn	wù qīng yán	zhī wèi dí	wù qīng chuán

事非宜　勿輕諾　苟輕諾　進退錯
사 비 의　물 경 락　구 경 락　진 퇴 착

事非宜　옳지(宜) 못한(非) 일(事)은
　　　　宜의는 '도리에 맞다', '마땅하다', '옳음'의 의미이다.

勿輕諾　함부로(輕) 약속하지(諾) 말라(勿).
　　　　諾락은 '승낙하다', '허락하다', '동의하다'.

苟輕諾　만일(苟) 함부로(輕) 약속하면(諾)

進退錯　하든지(進) 안 하든지(退) 잘못이다(錯).

《논어》〈헌문憲問〉에서 공자는 "말하는 것을 부끄러워하지 않으면, 그 말을
실천하기가 어렵다. 其言之不怍則爲之也難."고 하여, 말을 할 때는 항상 신중해야
함을 일깨우고 있다.

옳지 못한 일을 함부로 약속하지 말라.
함부로 약속하면 하든지 안 하든지 잘못이다.

중국어읽기	事非宜	勿轻诺	苟轻诺	进退错
	shì fēi yí	wù qīng nuò	gǒu qīng nuò	jìn tuì cuò

凡道字　重且舒　勿急疾　勿模糊
범 도 자　중 차 서　물 급 질　물 모 호

凡道字 무릇(凡) 말(字)을 할(道) 때는
凡범은 부사로서 앞뒤 문맥의 상황을 총괄하며 '대체로',
'결국', '대개' 등으로 풀이한다.
道도는 '말하다'라는 뜻의 동사로 쓰였다.

重且舒 분명하고(重) 또(且) 여유(舒)가 있어야 한다.
重중은 반듯하고 분명한 발음으로 침착하고 중후하게 하는
말이다.
且차는 접속사로 '게다가', '또한' 등의 뜻으로 사용되었다.

勿急疾 급하거나(急) 빠르지(疾) 않고(勿)

勿模糊 모호하지(模糊) 않아야(勿) 한다.

말을 할 때는 분명하게 하라.
급하게 말하거나 모호하게 하지 마라.

중국어읽기	凡 道 字	重 且 舒	勿 急 疾	勿 模 糊
	fán dào zi	zhòng qiě shū	wù jí jí	wù mó hū

彼說長　此說短　不關己　莫閑管
피 설 장　차 설 단　불 관 기　막 한 관

彼說長　저 사람(彼)의 장점(長)을 말하고(說)
彼피는 대명사로서 먼 사람이나 사물·시간·장소 등을
가리킨다.

此說短　이 사람(此)의 단점(短)을 말할(說) 때
此차 역시 대명사로 비교적 가까운 사람이나 사물·장소·시간
등을 나타내므로 '이(이것)', '이러한', '이렇게', '여기' 등으로
풀이한다.

不關己　나(己)와 관련(關)이 없으면(不)

莫閑管　한가하게(閑) 관여하지(管) 말라(莫).
莫막은 부사로 동작이나 행위의 금지를 나타내며 '~해서는 안
된다', '~하지 말라'로 풀이한다.
閑管한관은 남의 일에 관여하는 것으로 자기와 상관없는 일에
참견하는 것을 뜻한다.

다른 사람들이 옳고 그름을 애기할 때
나와 관계없으면 상관하지 말라.

114

見人善 即思齊 縱去遠 以漸躋
견 인 선 즉 사 제 종 거 원 이 점 제

見人善 다른 사람(人)의 좋은(善) 점을 보면(見)

即思齊 즉시(即) 본받을(齊) 생각(思)을 하라.
齊제는 '취하다', '힘쓰다', '~을 본받다'의 뜻으로 쓰였다.

縱去遠 설령(縱) 거리(去)가 멀더라도(遠)
縱종은 접속사로 가설이나 양보를 나타내고, '설사', '가령',
'설령' 등으로 풀이한다.
去거는 거리나 공간적으로 떨어지는 것을 뜻한다.

以漸躋 점차(漸) 따라가고(躋) 닮는다(以).
躋제는 높은 곳에 올라가는 것으로 '발전하다', '진보하다'의
뜻이다.

《논어》〈이인〉에 "어진 이의 행실을 보고는 그와 같아지기를 생각한다. 見賢思齊
焉."고 공자가 한 말에서 따온 것이다.

다른 사람의 좋은 점을 보면 따라 하려고 노력하되,
따라가기 어렵다고 생각하면 더 열심히 노력하라.

중국어읽기	见人善	即思齐	纵去远	以渐跻
	jiàn rén shàn	jí sī qí	zòng qù yuǎn	yǐ jiàn jī

見人惡 即內省 有則改 無加警
견 인 악　즉 내 성　유 즉 개　무 가 경

見人惡　다른 사람(人)의 나쁜(惡) 점을 보면(見)

即內省　 즉시(即) 마음으로(內) 반성하라(省).

有則改　(고칠 점이) 있으면(有) 곧(則) 고치고(改)

無加警　 없으면(無) 조심(警)을 더한다(加).
　　　　 無무는 형용사로 있지 않음을 나타내므로 '없다'라고
　　　　 풀이한다.
　　　　 警경은 '경계하다', '주의하다', '조심하다'의 뜻으로 사용되었다.

《논어》〈이인〉에 "어질지 못한 이의 행실을 보고는 안으로 자신을 반성해야 한다. 見
不賢而內自省也."에 나오는 내용이다.

다른 사람의 잘못을 보면 자신을 반성하라.
잘못이 있으면 고치고, 없더라도 더욱 주의하라.

중국어읽기	见 人 恶	即 内 省	有 则 改	无 加 警
	jiàn rén è	jí nèi xǐng	yǒu zé gǎi	wú jiā jǐng

116

惟德學 惟才藝 不如人 當自礪
유 덕 학　유 재 예　불 여 인　당 자 려

惟德學 오직(惟) 도덕(德)과 학문(學)
惟유는 '오직', '오로지', '생각건대' 등의 뜻이다.

惟才藝 그리고(惟) 재능(才), 법도(藝)가
惟유는 與여와 통하는 접속사로서 병렬 관계를 나타낸다.

不如人 다른 사람(人)보다(如) 못하면(不)
如여는 '~보다', '~ 더'의 뜻으로 쓰였다.

當自礪 마땅히(當) 자신(自)을 북돋워야(礪) 한다.
礪려는 숫돌을 가리킨다. 숫돌은 갈고 연마하는 데 쓰이므로
'연마하다'의 뜻으로 발전하였다.

《논어》〈술이述而〉에서 공자는 "덕을 닦지 못하는 것과 학문을 닦지 못하는 것과
의를 듣고도 옮겨 가지 못하는 것과 선하지 아니함을 고치지 못하는 것이 바로
나의 걱정거리이다. *德之不修 學之不講 聞義不能徙 不善不能改 是吾憂也.*"라고
말하였는데, 이처럼 끊임없이 자신을 연마해야 함을 당부하는 말이다.

자신의 품성과 학문, 기능과 재주를 기르기 위해 노력하되,
다른 사람보다 못한 점이 있으면 더욱 분발하여 노력하라.

중국어 읽기	惟 德 学 wéi dé xué	惟 才 艺 wéi cái yì	不 如 人 bù rú rén	当 自 砺 dāng zì lì

若衣服　若飲食　不如人　勿生戚
약 의 복　약 음 식　불 여 인　물 생 척

若衣服　만일(若) 입는(衣) 옷(服)이
　　　　衣의는 동사로 '입다'라는 뜻이다.
　　　　服복은 '옷'이라는 의미의 명사이다.

若飲食　만약(若) 마실 것(飲)과 먹을 것(食)이

不如人　다른 사람(人)보다(如) 못하다고(不)

勿生戚　슬픔(戚)이 생기게(生) 말라(勿).
　　　　戚척은 '슬퍼하다', '속을 태우고 우울해하다', '염려하다' 등의
　　　　뜻이다.

《논어》〈자한子罕〉에서 "값싼 해진 솜옷을 입고서 여우나 담비 가죽으로 만든
값비싼 갖옷을 입은 자와 같이 서 있으면서도 부끄러워하지 않는 자는 자로子路일
것이다. 衣敝縕袍 與衣狐貉者 立而不恥者 其由也與."라고 하며 제자 자로의
됨됨이를 칭찬하고 있다. 이는 겉으로 드러나는 외모가 아닌 태도와 자세가
중요하다는 것을 의미한다.

입는 의복과 먹는 음식이
다른 사람보다 못할지라도 부끄러워하지 말라.

중국어읽기	若衣服	若饮食	不如人	勿生戚
	ruò yī fú	ruò yǐn shí	bù rú rén	wù shēng qī

聞過怒　聞譽樂　損友來　益友卻
문 과 노　문 예 락　손 우 래　익 우 각

聞過怒 잘못(過)을 들으면(聞) 화내고(怒)
過과는 '허물', '죄', '과실' 등을 뜻한다.

聞譽樂 칭찬(譽)을 듣고(聞) 좋아하면(樂),

損友來 손해(損)를 입히는 친구(友)가 다가오고(來)

益友卻 도움(益)을 주는 친구(友)는 물러난다(卻).
卻각은 '물리치다', '뒤로 물러나다'의 뜻이다.

《사자소학》에서 "그 바른 사람을 벗하면 나도 저절로 바르게 되고, 간사한 사람을
따라서 놀면 나도 저절로 간사해진다. 쑥이 삼 가운데서 자라나면 붙들어 주지
않아도 저절로 곧아지고, 흰모래가 진흙에 있으면 물들이지 않아도 저절로
더러워진다. *友其正人 我亦自正 從遊邪人 我亦自邪 蓬生麻中 不扶自直 白沙在泥 不染
自汚.*"고 하였다. 그러므로 좋은 사람과 가까이해야 한다고 당부하고 있다.

잘못을 말해 주면 화내고 칭찬하는 말을 좋아한다면,
좋지 않은 친구들이 다가오고 좋은 친구는 멀어진다.

聞譽恐　聞過欣　直諒士　漸相親
문 예 공　문 과 흔　직 량 사　점 상 친

聞譽恐　칭찬(譽)을 들으면(聞) 놀라 두려워하고(恐)

聞過欣　허물(過)을 듣고(聞) 기뻐하면(欣)
　　　　　欣흔은 '기뻐하다', '즐거워하다'의 뜻이다.

直諒士　바르고(直) 성실한(諒) 사람(士)과
　　　　　諒량은 '성실하다', '신실하고 거짓이 없다'는 뜻이다.

漸相親　점점(漸) 서로(相) 가까워진다(親).

《사자소학》에는 "면전에서 나의 착한 점을 칭찬하면 아첨하는 사람이고, 면전에서
나의 잘못을 꾸짖으면 굳세고 정직한 사람이다. 面讚我善 諂諛之人 面責我過 剛直
之人."라는 내용이 있다. 이는 누가 바르고 성실한 친구인지, 그리고 어떻게 해야 나
자신이 이러한 사람들과 가까워질 수 있는지를 가르쳐 주고 있는 문장이다.

칭찬하는 말을 두려워하고 잘못을 지적하는 말을 받아들이면,
정직하고 신실한 친구들이 점점 가까이 다가온다.

중국어읽기

闻誉恐　　　闻过欣　　　直谅士　　　渐相亲
wén yù kǒng　wén guò xīn　zhí liàng shì　jiàn xiāng qīn

無心非　名爲錯　有心非　名爲惡
무 심 비　명 위 착　유 심 비　명 위 악

無心非　의지(心)가 없이(無) 잘못하면(非)
　　　　無心무심은 '무의식 중' 혹은 '의도를 가지지 않은'의
　　　　뜻으로 쓰였다.
　　　　非비는 명사로 '허물'이나 '잘못'을 뜻한다.

名爲錯　잘못(錯)이라고(爲) 말한다(名).

有心非　의지(心)를 가지고(有) 잘못하면(非)
　　　　有心유심은 위 문장의 無心과 대비되는 말로 잘못인지 알면서
　　　　고의로 저지르는 잘못을 말한다.

名爲惡　죄악(錯)이라고(爲) 부른다(名).

자기도 모르게 잘못을 저지르는 것은 잘못이고,
의도를 가지고 잘못을 저지르면 죄악이다.

중국어 읽기	无 心 非	名 为 错	有 心 非	名 为 恶
	wú xīn fēi	míng wéi cuò	yǒu xīn fēi	míng wéi è

過能改　歸於無　倘掩飾　增一辜
과 능 개　귀 어 무　당 엄 식　증 일 고

過能改　잘못(過)을 고칠(改) 수 있으면(能)

歸於無　(잘못이) 없는(無) 것이 된다(歸).
　　　　於어는 전치사로 동작이나 행위의 도구나 근거, 대상을
　　　　나타내는데 해석이 굳이 필요하지 않다.

倘掩飾　만일(倘) 숨기고(掩) 위장하면(飾)

增一辜　죄(辜)가 하나(一) 더 늘어난다(增).
　　　　辜고는 '허물'이나 '죄'라는 뜻이다.
　　　　잘못이나 죄가 없는 것을 일컬어 무고無辜라 한다.

잘못을 고치면 잘못이 없는 것과 다름없지만,
잘못을 감추면 잘못을 더하는 것이다.

중국어읽기	过 能 改 guò néng gǎi	归 于 无 guī yú wú	倘 掩 饰 tǎng yǎn shì	增 一 辜 zēng yì gū

6.

범애중

汎愛衆

모든 사람을 사랑하라 凡愛衆

《제자규》의 〈범애중汎愛衆〉은 "어떤 사람이라도 모두 사랑해야 한다. 모두 이 땅에 같이 살아가는 사람이기 때문이다. 凡是人 皆須愛 天同覆 地同載."로 그 포문을 연다.

범애중이란 바로 '모든 사람을 사랑하는' 박애博愛 정신이다. 우리 인간은 서로 모여 사회를 이루고 살아갈 수밖에 없기에 서로가 서로를 사랑하지 않으면 안 된다. 그리고 우리 모두는 같은 하늘을 이고 같은 땅을 밟고 살아가는 '인류'이기에 서로 마땅히 지켜야 할 도리가 있다. 이것이 바로 '윤리 도덕'이며 또한 '자연의 법칙'이기도 하기에, 이를 어기게 되면 사람의 도리를 저버리는 것과 마찬가지이다.

인간이 서로를 아끼고 존중하는 것을 일컬어 공자는 '범애汎愛'라 하였고, 묵자는 '겸애兼愛'라고 칭했으며, 기독교에서는 '박애博愛'라는 용어를 사용하고 있지만, 결국 모든 사람들은 서로 사랑하며 살아야 한다는 가르침에는 큰 차이가 없다.

그런데 유가의 '범애'는 먼저 내 부모를 사랑하는 것으로 시작한다. 맹자는 어버이를 사랑하는 마음은 굳이 배우지 않고도 자연스럽게 실행할 수 있는, 하늘에서 부여받은 마음이라고 하였다. 곧 "사람들이 배우지 않아도 할 수 있는 것은 양능良能이요, 생각하지 않아도 알 수 있는 것은 양지良知이다. 두세 살 먹은 아이라도 그 어버이를 사랑할 줄 모르지 않으며, 장성해서는 그 형을 공경할 줄 모르는 이가 없다. 어버이를 친애함은 인仁이고, 어른을 공경함은 의義이니, 이는 다름이 아니라 온 천하 사람들 누구나 인과 의를 가지고 있기 때문이다. 人之所不學而能者 其良能也 所不慮而知者 其良知也 孩提之童 無不知愛其親也 及其長也 無不知敬其兄也 親親仁也 敬長義也 無他達之天下也."고 하여, 사람은 누구나 인함과 의로움을 지니고 있다고 보았다.

이 하늘에서 부여받은 마음으로 가정에서부터 가장 나와 가까운 사람부터 사랑하고, 이를 넓혀 가면 그것이 바로 '범애'가 된다. 즉 '효'로부터 '박애'가 나오는 것으로, 맹자는 "어버이를 친애하고 나서 백성을 사랑하고, 백성을 사랑하고 나서 사물을 아낀다. 親親而仁民 仁民而愛物."고 하였다. 즉 먼저 가까운 가족부터 사랑하고 나서, 그 사랑하는 마음으로 주변의 사람들을 사랑하며, 다시 세상의 모든 것으로까지 그 사랑하는 마음을 확충해 갈 수 있다고 본 것이다.

《제자규》에서 말하는 '범애'는 우리가 일반적으로 떠올리는 어려운 사람에게 물질을 제공한다거나 친절을 베푸는 행위만을 말하는 게 아니다. 구체적으로 우리 생활에서 가져야 할 마음가짐과 행동을 예를 들어 제시하고 있다. 자신이 가진 능력을 자기의 이익을 위해 쓰지 않고, 다른 사람의 재주를 시기하지 않으며, 부유한 사람을 부러워하지 않고, 가난한 사람을 업신여기지 않는 것들이 모든 사람을 두루 사랑하는 방법 가운데 하나이다.

이 밖에도 다른 사람의 잘못이나 비밀을 함부로 발설하지 않기, 다른 사람의 선행을 칭찬하기, 서로 선善을 권하여 좋은 품성을 만들기 위해 노력하기, 남에게 주는 것은 많이 주되 받는 것은 적게 받기, 다른 사람에게 무언가 시키고자 할 때에는 먼저 자신을 돌아보아 자신이 원하지 않는 일이라면 하지 않기도 있다. 뿐만 아니라 다른 사람에게 받은 은혜는 보답하려 늘 생각하고 원망은 빨리 잊으려고 노력하기, 아랫사람들을 대할 때에는 힘이나 권위가 아닌 이치로 다스리고 인의仁義와 너그러운 태도로 대하기 등을 통해 추상적인 마음가짐이 아닌 구체적인 실천 방법을 알려 준다.

그래서 우리 모두가 범애를 실천하게 되면 궁극적으로 유가에서 표방하는 이상적인 세계인 대동大同의 세상을 이룰 수 있다고 보았다. 《예기》〈예운禮運〉에는 모두가 함께하던 대동의 세상을 잘 표현하는 내용이 나온다.

"큰 도道가 행하여진 세상에는 천하가 모두 만인의 것이었다. …… 사람들은 각자의 부모만을 부모로 여기지 않았고, 각자 자기 자식만을 자식으로 여기지 아니했으며, 노인은 여생을 편안히 마칠 수 있게 하였고, 장년은 일자리가 있었으며, 어린이는 잘 성장할 수 있도록 하였고, 과부와 고아, 자식 없는 외로운 사람 그리고 장애인과 질병에 걸린 사람들은 모두 부양을 받을 수 있게 하였으며, 남자에게는 자신의 직분이 있었고 여자에게는 자기의 가정이 있었다. 재물이 땅에 버려지는 것을 싫어하지만 사유하여 숨겨 두지 않았고, 일하지 않는 것을 미워하지만 자신만을 위해 일하지 않았다. 大道之行也 天下爲公…… 故人不獨親其親 不獨子其子 使老有所終 壯有所用 幼有所長 矜 寡 孤 獨 廢疾者皆有所養. 男有分 女有歸. 貨惡其棄於地也 不必藏於己 力惡其不出於身也 不必爲己."

'대동의 세상'은 평화로운 이상 사회이지만, 존재하지 않았던 새로운 세상이 아니라 과거에 존재했던 세계를 바라고 추구하는 것이기에, 궁극적으로 실현할 수 없고 그 어디에도 존재하지 않는 '유토피아'와는 다른 세상이다.

유가에서 말하는 '대동의 세상'은 인간의 도덕성, 즉 마음속에 내재되어 있는 인과 의를 바탕으로 참된 인간의 도를 사회에 실현하고, 개개인은 인간의 착한 본성을 회복하여 사회적으로 평화 공존을 이루고자 하는 이념이다. 그런데 이 대동사상은 바로 '인仁'을 바탕으로 이루어진다는 것이다. '인'이란 서로를 사랑하는 '범애'이므로 결국 대동의 사회를 실현하기 위해서는 서로 사랑하지 않으면 안 되는 것이다.

凡是人 皆須愛 天同覆 地同載
범 시 인　개 수 애　천 동 부　지 동 재

凡是人　무릇(凡) 사람(人)이면(是)

皆須愛　반드시(須) 모두(皆) 사랑해야(愛) 한다.
　　　　愛애는 '사랑하는 마음'을 말한다.

天同覆　같은(同) 하늘(天)에 덮여서(覆)
　　　　覆부는 '뒤집히다', '넘어지다' 등의 뜻으로 쓰일 때는 '복'이라
　　　　읽고, '덮다', '감싸다' 등의 뜻으로 쓰면 '부'로 읽는다.

地同載　같은(同) 땅(地)에 살고(載) 있기 (때문이다).
　　　　載재는 '싣다' 외에도 '있다', '처하다' 등의 뜻이 있다.

《논어》〈안연顔淵〉에서 번지樊遲가 인仁에 대해 묻자 공자는 "사람을 사랑하는
것이다. 愛人."라고 대답하였다. 《맹자》〈이루 하〉에서 맹자 역시 "어진 이는 남을
사랑하고, 예禮가 있는 자는 남을 공경한다. 仁者 愛人 有禮者 敬人."고 하여, 다른
사람에 대한 사랑이 곧 인의 근본임을 말하고 있다.

어떤 사람이라도 모두 사랑해야 한다.
모두 이 땅에 같이 살아가는 사람이기 때문이다.

중국어읽기　凡是人　皆须爱　天同覆　地同载
　　　　　 fán shì rén　jiē xū ài　tiān tóng fù　dì tóng zài

行高者 名自高 人所重 非貌高
행 고 자　명 자 고　인 소 중　비 모 고

行高者　품행(行)이 고상한(高) 자(者)는
　　　　　行행은 '품성', '품행'의 뜻으로 쓰였다.

名自高　명성(名)이 저절로(自) 높다(高).

人所重　사람(人)에게 중요한(重) 바(所)는
　　　　　所소는 구조 조사로 뒤에 나오는 重중을 강조한다.

非貌高　외모(貌)의 출중함(高)이 아니다(非).
　　　　　非비는 부사로 동사나 형용사를 부정한다.

《논어》〈이인〉에서 공자는 "덕이 있는 사람은 외롭지 않으니, 반드시 이웃이 있다. 德
不孤 必有鄰."라고 하여 덕을 쌓기를 권유하였다.

품성이 높은 사람의 이름은 자연히 높아진다.
사람들은 외모가 아니라 인품을 중요하게 여긴다.

중국어읽기	行 高 者	名 自 高	人 所 重	非 貌 高
	xíng gāo zhě	míng zì gāo	rén suǒ zhòng	fēi mào gāo

才大者　望自大　人所服　非言大
재 대 자　　망 자 대　　인 소 복　　비 언 대

才大者　재주(才)가 뛰어난(大) 사람(者)의

望自大　명성(望)은 저절로(自) 커진다(大).
　　　　　望망은 명사로 '명성', '명예'라는 의미이다.

人所服　사람들(人)이 복종하는(服) 것(所)은
　　　　　服복은 '복종하다', '뜻을 굽히다'라는 뜻이다.

非言大　말솜씨(言)가 훌륭해서(大)가 아니다(非).
　　　　　大대는 '훌륭하다', '뛰어나다'라는 뜻이다.

재주가 많은 사람의 명성 역시 자연스럽게 높아진다.
이는 사람들이 그의 말이 아닌 실력을 인정하기 때문이다.

己有能　勿自私　人有能　勿輕訾
기 유 능　물 자 사　인 유 능　물 경 자

己有能　자기(己)가 가진(有) 능력으로(能)
　　　　　己기는 1인칭 대명사이다.
　　　　　能능은 '능력'이나 '재주'를 뜻한다.

勿自私　자신(自)을 이롭게(私) 하지 말라(勿).
　　　　　私사는 '자기 한 몸이나 집안에 관한 사사로운 것'을 의미한다.

人有能　다른 사람(人)이 가진(有) 능력(能)을

勿輕訾　함부로(輕) 헐뜯지(訾) 말라(勿).
　　　　　訾자는 '비방하다', '악담하다', '헐뜯다'라는 뜻이다.

자신이 가진 능력을 자기의 이익을 위해 쓰지 말라.
다른 사람의 재주를 시기하지 말고 함부로 비방하지 말라.

중국어읽기	己 有 能	勿 自 私	人 所 能	勿 轻 訾
	jǐ yǒu néng	wù zì sī	rén suǒ néng	wù qīng zǐ

勿諂富 勿驕貧 勿厭故 勿喜新
물 첨 부　물 교 빈　물 염 고　물 희 신

勿諂富 부유함(富)을 부러워하지(諂) 말고(勿)
諂첨은 '아첨하다', '알랑거리다' 외에 '몹시 바라다', '열망하다'
등의 뜻이 있다.

勿驕貧 가난함(貧)을 깔보지(驕) 말라(勿).
驕교는 '경시하다'라는 뜻이다.

勿厭故 오래된 것(故)을 싫어하지(厭) 말고(勿)
故고는 '낡고 오래된 물건' 또는 '옛 친구' 등을 뜻한다.

勿喜新 새것(新)을 좋아하지(喜) 말라(勿).

《논어》〈학이〉에서 자공子貢이 "가난하지만 아첨함이 없으며, 부유하지만 교만함이
없으면 어떻습니까?"라고 묻자 공자는 대답하였다. "괜찮으나, 가난하면서도
즐거워하며, 부유하면서도 예를 좋아하는 것만 못하다. 可也 未若貧而樂 富而好禮者
也."
《논어》〈헌문〉에서 또 "가난하면서 원망이 없기는 어렵고, 부유하면서 교만하지
않기는 쉽다. 貧而無怨 難 富而無驕 易."고 하여 이 같은 자세로 생활하기가 쉽지
않음을 말하였다.

부유함을 부러워하지 말고 가난함을 업신여기지 말라.
낡고 오래된 것을 무시하지 말고 새것을 좋아하지 말라.

중국어읽기	勿谄富	勿骄贫	勿厌故	勿喜新
	wù chǎn fù	wù jiāo pín	wù yàn gù	wù xǐ xīn

人不閑　勿事攬　人不安　勿話擾
인 불 한　물 사 교　인 불 안　물 화 요

人不閑 상대(人)가 한가하지(閑) 않으면(不)

勿事攬 방해되는(攬) 일(事)을 하지 말라(勿).
攬교는 '흔들다', '어지럽히다', '방해하다', '훼방을 놓다'의 뜻이
있다.

人不安 상대(人)가 편안하지(安) 않으면(不)
安안은 '심신이 안정된 상태'를 말한다.

勿話擾 귀찮게(擾) 말을 걸지(話) 말라(勿).
擾요는 '시끄럽다', '어지럽히다', '방해하다의 뜻이 있다.

바쁘게 일하는 사람을 방해하지 말라.
상대의 마음이 편안하지 않을 때 쓸데없이 잔소리를 늘어놓지 말라.

중국어 읽기

人 不 闲　　勿 事 搅　　人 不 安　　勿 话 扰
rén bù xián　　wù shì jiǎo　　rén bù ān　　wù huà rǎo

人有短　切莫揭　人有私　切莫說
인 유 단　체 막 게　인 유 사　체 막 설

人有短　다른 사람(人)이 가진(有) 단점(短)은

切莫揭　결코(切) 폭로하지(揭) 말라(莫).
揭게는 '들어 올리다'의 뜻이 있으나 이 문장에서는 '폭로하다',
'까발리다', '들추어내다'의 의미로 풀어야 한다.

人有私　다른 사람(人)이 가진(有) 비밀(私)은
私사는 사적인 비밀이나 개인적인 프라이버시를 의미한다.

切莫說　결코(切) 말하지(說) 말라(莫).

《사자소학》에서도 "다른 사람의 단점을 말하지 말라. *莫談他短.*"고 하였다.

다른 사람의 잘못을 알게 되면 함부로 발설하지 말라.
다른 사람의 비밀을 알게 되면 함부로 공개하지 말라.

중국어읽기	人 有 短 rén yǒu duǎn	切 莫 揭 qiè mò jiē	人 有 私 rén yǒu sī	切 莫 说 qiè mò shuō

道人善 即是善 人知之 愈思勉
도 인 선　즉 시 선　인 지 지　유 사 면

道人善　다른 사람(人)의 선행(善)을 말하는(道) 것도

即是善　곧(即) 선행(善)이다(是).

人知之　다른 사람(人)이 그것(之)을 알면(知)

愈思勉　더욱(愈) 노력할(勉) 생각을 한다(思).
　　　　愈유는 부사로 '더욱', '점점 더'의 뜻으로 사용된다.
　　　　勉면은 '힘쓰다', '애쓰다', '노력하다', '부지런히 일하다' 등의
　　　　뜻이다.

다른 사람의 선행을 칭찬하는 것도 선행이다.
그 사람이 이를 알게 되면 더욱 선행에 힘쓸 것이다.

중국어읽기　道人善　即是善　人知之　愈思勉
　　　　　　dào rén shàn　jí shì shàn　rén zhī zhī　yù sī miǎn

揚人惡　即是惡　疾之甚　禍且作
양 인 악　　즉 시 악　　질 지 심　　화 차 작

揚人惡 다른 사람(人)의 악행(惡)을 드러내는 것(揚)은
揚양은 '알려지다', '드러나다', '말하다' 등의 뜻으로
사용되었다.

即是惡 곧(即) 악행(惡)이다(是).

疾之甚 질책(疾)을 심하게(甚) 하면(之),
之지는 전치사로 於어와 마찬가지로 동작, 행위의 대상이나
장소를 이끄는데 굳이 해석을 하지 않아도 된다.

禍且作 장차(且) 재앙(禍)이 생길(作) 수 있다.
且차는 '장차 ~할 수 있다'라는 뜻이다.
作작은 '되다', '일어나다'로 풀이한다.

다른 사람의 잘못을 알리는 것도 잘못이다.
다른 사람의 원망을 사면 화를 불러일으킬 수 있다.

善相勸　德皆建　過不規　道兩虧
선　상　권　덕　개　건　과　불　규　도　량　휴

善相勸　선한 일(善)은 서로(相) 권하여(勸).

德皆建　덕(德)을 함께(皆) 세운다(建).
　　　　皆개는 '다 함께', '모두'라는 뜻이다.

過不規　잘못(過)을 바로잡지(規) 못하면(不)
　　　　規규는 동사로 '바로잡다', '경계하다'의 뜻이다.

道兩虧　양쪽(兩)의 덕(道)이 잘못된다(虧).
　　　　虧휴는 '손상되다', '줄어들다', '무너지다'라는 뜻이다.

《사자소학》에도 "덕업은 서로 권하라. 德業相勸."고 하였다.
이 말은 사자성어로도 많이 쓰이는 문구이다.

서로 선을 권하여 좋은 품성을 만들기 위해 노력해야 한다.
잘못을 저질렀을 때 지적하지 않으면 서로에게 해가 된다.

중국어 읽기
善 相 劝　德 皆 建　过 不 规　道 两 亏
shàn xiāng quàn　dé jiē jiàn　guò bù guī　dào liǎng kuī

凡取與 貴分曉 與宜多 取宜少
범 취 여　귀 분 효　여 의 다　취 의 소

凡取與　무릇(凡) 갖거나(取) 주는 것(與)은
　　　　與여는 '주다', '베풀다'의 뜻이다.

貴分曉　뚜렷하고(分) 분명함(曉)이 중요하다(貴).
　　　　分분과 曉효는 둘 다 '분명하다', '뚜렷하다'라는 뜻이 있다.

與宜多　주는 것(與)은 많이(多) 해야 하고(宜)
　　　　宜의는 조동사로 '(당연히) ~해야 한다'는 뜻이다.

取宜少　갖는 것(取)은 적게(少) 해야 한다(宜).

재물을 갖거나 나눌 때는 분명해야 한다.
주는 것은 많이, 받는 것은 적게 해야 한다.

중국어읽기	凡 取 与	贵 分 晓	与 宜 多	取 宜 少
	fán qǔ yǔ	guì fēn xiǎo	yǔ yí duō	qǔ yí shǎo

將加人　先問己　己不欲　即速已
장가인　선문기　기불욕　즉속이

將加人　만일(將) 다른 사람(人)에게 하고자(加) 하면

先問己　먼저(先) 자신(己)에게 물어보라(問).

己不欲　자신(己)이 원하지(欲) 않는(不) 것이면

即速已　곧(即) 빨리(速) 멈추라(已).
　　　　　已이는 '그치다', '그만두다', '끝나다'의 뜻이 있다.

《논어》〈공야장公冶長〉에 제자 자공이 공자에게 "남이 나에게 가하지 않기 바라는 일을 저도 남에게 가하지 않으려고 합니다. 我不欲人之加諸我也 吾亦欲無加諸人."라고 말하는 장면이 나온다.
《사자소학》에도 "자기가 하고 싶지 아니한 것을 남에게 베풀지 말라. 己所不欲勿施於人."고 당부하고 있다.

다른 사람에게 무언가 하고자 할 때는 먼저 자신에게 물어보라.
자신이 원하지 않는 일이라면 바로 멈추어야 한다.

중국어읽기	將加人 jiāng jiā rén	先问己 xiān wèn jǐ	己不欲 jǐ bú yù	即速已 jí sù yǐ

恩欲報 怨欲忘 報怨短 報恩長
은 욕 보　원 욕 망　보 원 단　보 은 장

恩欲報　은혜(恩)는 갚기(報)를 바라고(欲)
　　　　　欲욕은 의지나 기원을 나타내는 조동사로 '～ 하려고 한다',
　　　　　'～해야 한다'라는 뜻이다.

怨欲忘　원망(怨)은 잊기(忘)를 바라라(欲).

報怨短　원한(怨)을 갚음(報)은 짧게 하고(短)
　　　　　報보는 '갚다'라는 동사와 '갚음'이라는 명사로 각기 쓰인다.
　　　　　원망을 짧게 하라는 말은 빨리 잊으라는 뜻이다.

報恩長　은혜(恩)에 보답함(報)은 길게 하라(長).
　　　　　고마움을 늘 마음에 새기고 간직하라는 뜻이다.

다른 사람에게 받은 은혜는 늘 보답하려고 생각하고
원망은 빨리 잊어라.
원망의 시간은 짧을수록 좋고 은혜를 갚으려는 생각은 길수록 좋다.

142

待婢僕　身貴端　雖貴端　慈而寬
대 비 복　신 귀 단　수 귀 단　자 이 관

待婢僕　여종(婢)과 남종(僕)을 대할(待) 때도
　　　　婢僕비복은 부리는 사람으로, 고대 신분제 사회에서는 남녀
　　　　하인을 뜻했다.

身貴端　몸소(身) 품행 단정(端)을 귀하게 여긴다(貴).
　　　　貴귀는 '소중히 여기다', '중요하다'의 뜻이다.

雖貴端　비록(雖) 품행이 단정함(端)이 중요하더라도(貴)
　　　　雖수는 '~ 하더라도'라는 가정의 뜻을 갖고 있다.

慈而寬　인자함(慈)과(而) 너그러움(寬)으로 대하라.

아랫사람들을 대할 때는 품행을 바르게 하고 모범을 보여라.
또한 인의로 대하고 너그러운 태도로 대하라.

143

勢服人　心不然　理服人　方無言
세 복 인　심 불 연　이 복 인　방 무 언

勢服人　힘(勢)으로 다른 사람(人)이 굴복하여도(服)

心不然　마음(心)은 그러하지(然) 않다(不).
　　　　　然연은 '그렇다고 여기다', '그러하다', '인정하다', '동의하다',
　　　　　'이와 같다' 등의 뜻이 있다.

理服人　이치(理)로 사람(人)을 따르게 하여야(服)
　　　　　理리는 명사로 쓰이면 '불변의 법칙', '이치', '도리'를 뜻한다.

方無言　비로소(方) 말(言)이 없다(無).
　　　　　方방은 부사로 동작, 행위가 시간에 늦거나 어떤 조건 아래서
　　　　　이루어짐을 나타낸다.

이 내용은 《맹자》〈공손추 상公孫丑上〉 "힘을 가지고 남을 복종시킬 경우에는
상대방이 진심으로 복종하는 것이 아니라 힘이 모자라기 때문에 복종한다. 덕을
가지고 남을 복종시킬 경우에는 상대방이 진심으로 기뻐하여 진실로 복종한다. 以
力服人者 非心服也 力不贍也 以德服人者 中心 悅而誠服也."에서 나온 것이다.

힘으로 다른 사람을 굴복시키면 마음으로는 인정하지 않는다.
이치로 남을 따르게 하면 말이 필요 없다.

7. 친인
親仁

어진 사람과 가까이하라親仁

'어진 사람과 가까이하라'는 〈친인親仁〉은 16구 48자로, 《제자규》여덟 장 가운데 가장 짧다. 유가에서는 '인자仁者'를 이상적인 덕목을 갖춘 인간으로 생각하여 존경하고, 인자가 되고자 애쓴다.

《제자규》에서는 "어진 사람의 말에는 숨김이 없고 아첨이 없다. 言不諱 色不媚."라고 인자의 속성을 규정하고 있다. 그러나 "시류에 따르는 세속적인 사람은 많지만 인자한 사람은 드물다. 仁者希 果仁者."고 하면서 세상에 인자가 적음을 한탄하였다.

공자는 인자로 미자微子, 기자箕子, 그리고 비간比干 세 사람을 꼽았다. 이들은 모두 은殷나라 사람들로, 미자는 은의 마지막 폭군인 주紂왕의 형이었고, 기자와 비간은 주왕의 숙부였다. 주왕이 미녀 달기에 빠져 백성은 돌보지 않고 포악무도한 정치를 하는 데 대해 여러 차례 간언을 하였으나 소용이 없자, 미자는 은나라를 떠났다. 기자는 폭정을 나무라다 옥에 갇혔으나 미치광이 짓을 하여 풀려난 다음 신분을 감추고 노예 노릇을 하였다. 비간은 주왕에게 어진 정치를 간하며 3일 동안 자리를 뜨지 않아 결국 주왕의 분노를 사 죽임을 당했다. 이처럼 공자가 생각하는 진정한 '인'은 끊임없이 극기克己와 함께 지혜와 용기가 있어야 하며, 사람이 살아가는 동안 구현해야 할 최종 목표이기도 하였다.

'인'과 가까워지는 방법으로 《제자규》에서는 어진 사람과 친하게 지내고, 그렇지 못한 사람과는 멀리하라고 가르친다.

"어진 사람을 가까이하면 더할 나위 없이 좋다. 덕이 날마다 높아지고 잘못은 나날이 적어진다. 어질지 못한 사람과 가까이하면 해롭기 그지없다. 품성이 좋지 못한 사람과 가까이 하면 만사가 그릇된다. 能親仁 無限好 德日進 過日少, 不親仁 無限害 小人進 百事壞.”고 하면서 사람들은 서로 영향을 주고받으며 살 수밖에 없음을 상기시킨다.

이를 《공자가어孔子家語》〈육본六本〉을 통해서 살펴보면 그 가르치는 바를 더 명확하게 알 수 있다.

“선한 사람과 같이 있으면 지초와 난초가 있는 방 안에 들어간 것과 같아서 오래 있으면 그 향기를 맡지 못하나 곧 그 향기와 더불어 동화되고, 선하지 못한 사람과 같이 있으면 생선 가게에 들어간 것과 같아서 오래되면 그 악취를 맡지 못하나 또한 그 냄새와 더불어 동화되나니, 단사를 가진 사람은 붉어지고 칠을 가진 사람은 검어진다. 그러므로 군자는 반드시 그 더불어 지내는 자를 삼가야 한다. 與善人居 如入芝蘭之室 久而不聞其香 即與之化矣. 與不善人居 如入鮑魚之肆 久而不聞其臭 亦與之化矣. 丹之所藏者赤 漆之所藏者黑 是以君子必慎其所與處者焉.”

그런데 어진 이와 가까이하려면, 나에게 어진 사람을 알아볼 수 있는 안목을 가져야 하고 나 또한 어진 사람이 되려는 노력도 게을리하지 말아야 한다. 사람은 누구나 각자의 장점이 있으므로 남의 좋은 점은 배워서 자신의 단점을 메워 나가고, 남을 도와 서로 배우며 함께 성장할 수 있다.

공자는 "군자는 거처할 때 반드시 이웃을 고르고 도덕적인 사람과 놀아야 한다. 居必擇鄰 游必就士"고 하였다. 도덕적인 사람을 알아보는 덕목을 갖추지 못하여 자신의 마지막을 절망과 비참함으로 장식한 환공桓公의 이야기는 좋은 참고가 될 수 있다.

환공은 춘추 시대에 힘이 셌던 다섯 나라 중 하나인 제나라를 다스린 제후로 그 위세가 무척 당당하고 대단하였다. 환공은 일찍이 관중管仲을 재상으로 삼아 나라를 잘 다스리는 방법을 궁리하여서 제나라를 부강하게 하였다. 관중이 중병이 들어 세상을 떠날 즈음, 환공은 자신이 아끼는 신하인 역아易牙와 개방開方, 수조豎기 가운데 누구를 재상으로 삼으면 좋을지 관중에게 물어보았다.

관중은 "역아는 왕의 사랑을 얻기 위해 자신의 아들을 죽여 음식으로 만들어 왕에게 드렸으니, 그의 마음은 독사와 마찬가지입니다. 개방은 본래 위(衛)나라의 태자로 자신의 나라와 부모도 버리고 제나라로 왔으니, 이익을 위해서 의리는 아랑곳하지 않는 사람입니다. 수조는 왕의 총애를 얻기 위해 거세를 할 정도로 자신을 아끼지 않았습니다. 이 세 사람은 기본적인 인성이 없는 사람이니 결코 가까이해서는 안 됩니다."라고 충고하였다.

그러나 환공은 관중이 죽은 후 역아와 개방, 수조 세 사람을 모두 중용하였다. 이들은 모두 간사하였기에 왕 앞에서는 아부하며 뒤로는 독단적으로 일을 처리하였고, 그 때문에 나라는 어지러워졌다. 마침내 환공이 병을 얻어 드러눕게 되자, 이들은 거짓으로 왕의 명령을 조작하여 충신과 훌륭한 장군들을 제거하였다. 그리고 환공을 궁에 가두고는 높은 담을 쌓아 아무도 들어가지 못하게 하여, 환공은 산 채로 굶어 죽기에 이르렀다.

유가 사상의 핵심은 바로 '인仁'이며, 공자는 인을 사람의 근본으로 여겼다. 《논어》에는 공자가 제자들과 인에 관한 질문을 하고 답하는 내용이 많이 등장하는데 묻는 제자들에 따라서 그 답변이 다양하다. 공자는 질문하는 사람의 처지에 따라, 또 같은 이라 할지라도 질문하는 상황에 따라 각기 다르게 '인'을 설명하였다.

인에 대해 묻는 번지에게는 "사람을 사랑하는 것이다. 愛人."라고 말하였고, 안회顔回에게는 "자기를 이겨 예로 돌아가면 인이 된다. 克己復禮 爲仁."고 하였으며, 중궁仲弓에게는 "자신이 하고자 하지 않는 것을 남에게 시키지 말라. 己所不欲 勿施於人."고 하였다. 또 사마우司馬牛에게는 "인자는 말을 어렵게 한다. 仁者 其言也 訒."고 하였으며, 자장子張에게는 "다섯 가지를 천하에 행할 수 있으면 인이라 하는데, 공손함, 너그러움, 믿음, 민첩함, 은혜로움을 말한다. 能行五者於天下 爲仁矣 恭寬信敏惠."고 하였다.

이처럼 인은 한마디로 정의하기가 어려우나, 《예기》〈중용中庸〉에서 자사子思는 "인자는 사람이다. 仁者人也."고 하였으며, 맹자 역시 "인은 사람이라는 뜻이다. 仁也者 人也."라고 풀이하고 있다.

곧 유가에서 말하는 '인'은 사람이 사람답게 살아가기 위한 '인간다움'으로 사람과 사람 사이의 사랑을 가리키며, 인간을 인간답게 하는 중요한 핵심임과 동시에 본질이다.

그러므로 제자된 자들은 인한 자가 되기 위해 노력해야하고, 그러기 위해서는 인한 사람과 가까이 사귀어 인자仁者에 가까워지도록 끊임없이 자신을 갈고 닦으라고 당부하고 있다.

同是人 類不齊 流俗衆 仁者希
동 시 인　유 부 제　유 속 중　인 자 희

同是人　같은(同) 사람(人)이지만(是)

類不齊　유형(類)은 같지(齊) 않다(不).
　　　　齊제는 '같다', '동등하다'라는 뜻이다.

流俗衆　세속(俗)에 떠도는(流) (이들은) 많고(衆)

仁者希　인(仁)한 자(者)는 드물다(希).
　　　　希희는 동사로 '드물다', '적다'라는 뜻이다.

《논어》〈옹야雍也〉에 "인자는 자신이 서고자 하면 남도 서게 하며, 자신이
통달하고자 하면 남도 통달하게 한다. 夫仁者 己欲立而立人 己欲達而達人."고
하였다. 즉 자신의 목적을 위해 다른 사람을 이용하거나 밟지 않고, 같이 도달하고자
하는 사람이 인한 사람이지만, 이런 사람은 많지 않다고 한다.

같은 사람이지만 품성과 인격은 모두 다르다.
시류에 따르는 세속적인 사람은 많지만 인자한 사람은 드물다.

중국어 읽기

同是人　类不齐　流俗众　仁者希
tóng shì rén　lèi bù qí　liú sú zhòng　rén zhě xī

果仁者 人多畏 言不諱 色不媚
과 인 자   인 다 외   언 불 휘   색 불 미

果仁者 정말로(果) 인한(仁) 사람(者)은
果과는 부사로 이미 말했거나 추측했던 일이 사실로 드러남을
나타낸다.
'과연', '진실로', '정말' 등의 뜻으로 사용한다.

人多畏 (저절로) 존경하는(畏) 사람들(人)이 많다(多).

言不諱 (어진 사람의) 말(言)은 숨김(諱)이 없고(不)
諱휘는 '감추다', '숨기다', '꺼리다'라는 뜻이다.

色不媚 얼굴(色)에는 아첨(媚)이 없다(不).
媚미는 '아첨하다', '아양을 떨다', '요염하다' 등의 뜻이다.

《예기》〈표기表記〉에서 공자는 군자에 대해 "군자는 점잖은 체하지 않아도 저절로
장엄한 것이요, 사나운 체하지 않아도 위엄이 있고, 말하지 않아도 믿음이 있는
것이다. 군자는 남에게 대해서 바른 동작을 잃지 않고, 남에게 대해서 안색을 잃지
않고, 남에 대해서 말을 실수하지 않는다. 君子 不矜而莊 不厲而威 不言而信 君子不失
足於人 不失色於人 不失口於人 是故君子貌足畏也 色足憚也 言足信也."고 하였다.

진정으로 어진 사람은 사람들이 자연스레 존경한다.
어진 사람의 말에는 숨김이 없고 얼굴에 아첨이 없다.

能親仁　無限好　德日進　過日少
능 친 인　무 한 호　덕 일 진　과 일 소

能親仁　인한 사람(仁)과 가까이(親) 지내면(能)
　　　　親친은 '가까이 하다', '친하다', '사이가 좋다' 등의 뜻이 있다.

無限好　끝(限) 없이(無) 좋다(好).

德日進　덕(德)은 날마다(日) 나아지고(進)
　　　　日일은 '나날이', '매일'의 뜻이 있다.
　　　　進진은 '차차 좋아지다', '진보하다', '향상되다'는 뜻으로
　　　　쓰인다.

過日少　잘못(過)은 나날이(日) 적어진다(少).

어진 사람을 가까이 하면 더할 나위 없이 좋다.
덕은 날마다 높아지고 잘못은 나날이 적어진다.

不親仁　無限害　小人進　百事壞
불 친 인　무 한 해　소 인 진　백 사 괴

不親仁　인한 사람(仁)과 가깝지(親) 않으면(不)

無限害　한(限) 없이(無) 해롭다(害).

小人進　품성이 좋지 못한 사람(小人)이 다가오고(進)
　　　　小人소인은 '품행이 좋지 못한 사람'을 말한다.
　　　　進진은 앞의 문장에 나오는 進과는 달리 '가깝게 지내다',
　　　　'접근하다'의 뜻이다.

百事壞　여러(百) 일(事)이 잘못된다(壞).
　　　　百백은 '여러', '모든', '온갖', '모두'의 의미이다.

어질지 못한 사람과 가까이하면 해롭기 그지없고,
품성이 좋지 못한 사람과 가까이 하면 만사가 잘못된다.

중국어 읽기

不 亲 仁　　无 限 害　　小 人 进　　百 事 坏
bù qīn rén　　wú xiàn hài　　xiǎo rén jìn　　bǎi shì huài

8.
여력 학문
餘力學文

남은 힘이 있으면 학문에 힘써라 餘力學文

우리가 살아가는 가운데 자기의 인격을 수양하고 덕행을 기르는 것이 그 무엇보다 우선이며, 지식을 넓히는 일은 그다음임을 강조하는 《제자규》의 마지막 장이다. 물론 이는 공부가 중요하지 않다고 주장하는 것이 아님을 우린 누구보다도 잘 알고 있다. 학문은 인류가 지식을 전승하고 사회를 발전시키는 데 아주 중요한 역할을 하였으며, 공자를 비롯한 유가에서도 전통적으로 지식의 학습은 아주 중요하게 여겼다.

주자가 엮은 《논어집주論語集注》에서 "자제들은 집에 들어가서는 효도하고 나와서는 공손하며, 행실을 삼가고 말을 성실하게 하며, 널리 사람들을 사랑하되 어진 이들과 가까이해야 하니, 이를 행하고 남은 힘이 있으면 글을 배워야 한다. 弟子 入則孝 出則弟 謹而信 汎愛衆 而親仁 行有餘力 則 以學文"는 공자의 말에, 북송 때 학자인 홍흥조洪興祖가 "여력이 있지 못하면서 공부를 하면 학문이 그 본질을 멸하게 될 것이요, 여력이 있는데도 학문을 배우지 않는다면 본질에 치우쳐서 비루해질 것이다. 未有餘力而學文 則文滅其質, 有餘力而不學文 則質勝而野"는 해석을 덧붙였다.

즉, 자신의 인격과 품성을 잘 기르지 못하고 공부에만 몰두하면 비록 지식이 풍부하고 학문에 깊이가 있을지라도 본질에 문제가 있게 되어서 지식이 도리어 본질을 가리며, 이와 반대로 여력이 있는데도 학문에 힘쓰지 않으면 야만스러워진다는 것이다.

정자程子 역시 "자제가 된 자는 힘이 남음이 있으면 글을 배우는 것이니, 그 직분을 닦지 않고 학문을 먼저 함은 자신의 몸과 마음을 닦는 학문이 아니다. 爲弟子職力有餘則學文 不修其職而先文 非爲己之學也"라고 하였다.

이는 공자의 "옛날에 배우는 자들은 자신을 수양하기 위한 학문을 하였는데, 지금 배우는 자들은 남들에게 알려지기 위한 학문을 한다. 古之學者 爲己 今之學者 爲人"는 말에서 나온 것으로, 학문의 궁극적 목표가 자신을 수양하는 것임을 분명히 하고 있다. 곧 효제孝悌를 실천하고 널리 다른 이를 사랑하고 어진 이와 가까이하면서, 공부를 하는 목적은 '자신을 수양하는 학문 爲己之學'이지 결코 '남에게 과시하기 위한 학문 爲人之學'이 되어서는 안 된다고 하였다.

이러한 내용을 《제자규》에서는 "학습한 바를 실천하지 않고 도리에 따라 행하지 않으면, 쓸데없는 지식만 자라니 어찌 사람이 될 것인가? 힘써 행하기만 하고 도리를 배우지 않으면, 자신의 얄팍한 견해에만 의지하여 진정한 깨달음을 얻을 수 없다. 不力行 但學文 長浮華 成何人, 但力行 不學文 任己見 昧理真."라고 간단하고 명료하게 서술하면서 공부의 구체적인 방법도 소개하고 있다.

바로 우리에게 널리 알려진 남송의 저명한 학자인 주자가 《훈학재규訓學齋規》에서 말한 '독서삼도讀書三到'가 그것이다.

"독서는 마음을 다해 눈으로 집중하고, 입으로 소리 내어 읽어야 한다. 마음이 책에 있지 않으면 눈으로 자세히 읽지 못하고, 마음과 눈이 하나 되어 집중하지 못하면 그저 대충 읽게 되니 기억할 수 없고, 설사 기억했다 하더라도 오래가지 못한다. 마음과 눈, 입 가운데 가장 중요한 것은 마음이다. 마음이 이르렀는데 눈과 입이 어찌 이르지 않겠는가? 讀書有三到 謂心到 眼到 口到. 心不在此 則眼不看仔細 心眼卽不專一 却只漫浪誦讀 決不能記 記亦不能久也. 三到之中 心到最急 心旣到矣, 眼口豈不到乎."라고 하면서 독서에서 가장 중요한 것이 '마음'임을 강조하고 있다.

위대한 교육자였던 공자도 자신이 어떠한 사람인지를 묘사하면서, 이 세상에서 자신만큼 배우기를 좋아하는 사람이 없다고 하였다. 공자가 얼마나 열심히 배움에 열중하였는지는 책을 묶었던 '가죽 끈이 세 번이나 끊어지고 韋編三絶' 평소 좋아하는 고기 맛도 잊을 정도였다고 한다. 이런 공자의 모습에서 우리는 주자가 우선시한 '마음'이 차고도 넘치도록 학습에 몰두했음을 잘 알 수 있다.

그런데 주자는 본격적으로 공부를 하기 전에 일단 주변 환경도 잘 정리해야 한다고 말하고 있다. 우선 공부방과 책상 위를 가지런히 잘 정돈하고 난 다음에 자세를 바르게 하여 글자 하나하나를 빠뜨림 없이 잘 보고, 여러 번 반복하여 그 내용을 이해할 수 있을 때까지 읽으라는 것이다. 이런 방식으로 공부를 하면 처음에는 잘 알지 못하는 내용이라 하더라도 나중에는 그 뜻을 깨닫게 된다는 것이다. 즉 마음을 집중해서 여러 번 반복해서 읽다 보면 저절로 그 이치를 알게 된다는 '숙독熟讀'이라는 말이 여기에서 나온 것이다.

《제자규》는 주자의 독서 방법을 다음과 같이 일러 주고 있다.

"책을 읽을 때는 다른 생각을 하지 말라. 이 책을 다 읽지 않았으면 저 책을 들지 말라. 독서 계획은 느슨하게 세우고 실제로 읽을 때는 집중하라. 공들여 읽으면 자연스레 막힌 부분이 없어진다. 方讀此 勿慕彼 此未終 彼勿起 寬爲限 緊用

功工夫到滯塞通."

그리고 책 속의 내용과 책을 대하는 기본자세로, 의심스러운 부분은 그냥 넘어가지 말고 다른 사람에게 물어 분명히 알도록 하여야 한다고 가르치고 있다. 또 공부하던 책은 제자리에 잘 정리하고 흠이 생기면 보수를 해야 하며, 아무 책이나 함부로 읽지 말고 유익한 책을 가려 읽으라고 당부하고 있다.

이 장의 마지막은 "어려움이 닥치더라도 스스로 포기하지 말라. 성인의 경지는 차차 도달할 수 있다. 勿自暴 勿自棄 聖與賢 可馴致."로 끝을 맺는다.

"자신을 해치는 자와는 함께 도를 말할 수 없고, 자신을 버리는 자와는 함께 도를 행할 수 없다. 말할 때마다 예의를 비방하는 것을 일러 자신을 해치는 '자포自暴'라 하고, 나는 인을 행하거나 의를 따를 수 없다고 포기하는 것을 일러 자신을 버리는 '자기自棄'라고 한다. 自暴者 不可與有言也 自棄者 不可與有爲也. 言非禮義 謂之自暴也 吾身不能居仁由義 謂之自棄 也."라는 맹자의 말의 근거가 되었다.

결론적으로 '성인聖人' 혹은 '군자君子'가 되는 길은 비록 힘들고 어렵겠지만, 《제자규》의 가르침을 하나하나 잘 따르려고 노력하다 보면 언젠가는 그러한 경지에 가까워질 수 있다는 희망과 함께, 그러기에 포기하지 말고 끝까지 전진해야 한다는 당위성을 제시하고 있다.

不力行　但學文　長浮華　成何人
불 력 행　단 학 문　장 부 화　성 하 인

不力行　힘을 다하여(力) 행하지(行) 않고(不)
力行역행은 '힘써 행하다', '노력하다'로 풀이한다.

但學文　단지(但) 학문(文)만 배우면(學)
但단은 부사로서 동작이 어떤 범위에 한정됨을 나타낸다.
'단지', '겨우' 등으로 풀이한다.

長浮華　진실함 없이(浮) 화려함(華)만 자라니(長)
長장은 '나아가다', '자라다'는 뜻이 있다.

成何人　어찌(何) 사람(人)으로 완성되겠는가(成)?

학습한 바를 실천하지 않고 도리에 따라 행하지 않으면,
쓸데없는 지식만 자라니 어찌 사람이 될 것인가?

중국어읽기	不力行	但学文	长浮华	成何人
	bù lì xíng	dàn xué wén	zhǎng fú huá	chéng hé rén

但力行　不學文　任己見　昧理真
단 력 행　불 학 문　임 기 견　매 리 진

但力行　그러나(但) 힘을 다해(力) 행하면서(行)
　　　　但단은 접속사로서 가벼운 전환이나 앞뒤가 상반됨을
　　　　나타낸다.

不學文　학문(文)을 배우지(學) 않으면(不)

任己見　자신(己)의 견해(見)에만 의지하여(任)
　　　　見견은 명사로 '견해', '의견', '생각'이라는 뜻이다.
　　　　任임은 '방임하다', '멋대로 하다', '마음대로 하다', '내버려 두다'
　　　　등의 뜻으로 쓰인다.

昧理真　진정한(真) 도리(理)를 제대로 알지 못한다(昧).
　　　　昧매는 형용사로 '사리에 어둡다', '어리석다'의 의미로
　　　　사용되었다.

《논어》〈공야장〉에서 공자는 공문자孔文子에게 '문文'이라는 시호를 내린 까닭으로
"명민하면서도 배우기를 좋아하며 아랫사람에게 묻기를 부끄러워하지 않았다. 敏
而好學 不恥下問." 고 하였다. 이를 통해 공자가 생각하는 학문에 대한 태도를 알 수
있다.

힘써 행하기만 하고 도리를 배우지 않으면,
자신의 얄팍한 견해에만 의지하여 진정한 깨달음을 얻을 수 없다.

중국어 읽기	但 力 行	不 学 文	任 己 见	昧 理 真
	dàn lì xíng	bù xué wén	rèn jǐ jiàn	mèi lǐ zhēn

讀書法　有三到　心眼口　信皆要
독 서 법　유 삼 도　심 안 구　신 개 요

讀書法　책(書)을 읽는(讀) 방법(法)에는
　　　　　法법은 명사로 '방법', '방식', '표준'을 말한다.

有三到　세 가지(三)의 도달함(到)이 있다(有).
　　　　　三到삼도란 주희가 말한 마음, 눈, 입으로 익히는 세 가지
　　　　　독서법을 뜻한다. 이는 먼저 마음을 가지고 눈으로 보면서
　　　　　입으로 소리 내어 반복해서 읽으면 저절로 이해가 된다는
　　　　　독서법이다.

心眼口　마음(心)과 눈(眼), 입(口)으로 (읽는 것이)

信皆要　정말로(信) 모두(皆) 필요하다(要).
　　　　　要요는 '필요하다', '요구하다', '~해야만 한다'의 뜻을 가진
　　　　　동사이다.
　　　　　信신은 부사로 '확실히', '정말로'의 뜻으로 풀이한다.

독서의 방법에는 세 가지가 있으니,
마음과 눈 그리고 입으로 읽는 세 가지 모두가 필요하다.

중국어 읽기	读书法	有三到	心眼口	信皆要
	dú shū fǎ	yǒu sān dào	xīn yǎn kǒu	xìn jiē yào

方讀此 勿慕彼 此未終 彼勿起
방 독 차 　 물 모 피 　 차 미 종 　 피 물 기

方讀此　이 책(此)을 읽고(讀) 있을 때(方)
　　　　　方방은 부사로 '이제 막', '바야흐로'의 뜻이 있다.

勿慕彼　저 책(彼)을 생각하지(慕) 말라(勿).
　　　　　慕모는 동사로 '그리워하다', '생각하다', '탐하다', '바라다' 등의
　　　　　뜻으로 쓰인다.

此未終　이 책(此)을 끝까지(終) 읽지 않고(未)

彼勿起　저 책(彼)을 시작하지(起) 말라(勿).
　　　　　起기는 동사로 '시작하다'라는 뜻이다.

책을 읽을 때는 다른 생각을 하지 말라.
이 책을 다 읽지 않았으면 저 책을 들지 말라.

중국어읽기
方读此　　勿慕彼　　此未终　　彼勿起
fāng dú cǐ　wù mù bǐ　cǐ wèi zhōng　bǐ wù qǐ

168

寬爲限　緊用功　工夫到　滯塞通
관 위 한　긴 용 공　공 부 도　체 색 통

寬爲限　(독서) 기한(限)은 느슨하게(寬) 하고(爲)
寬관은 '느슨하다', '늦추다', '여유롭다', '넉넉하다'라는 뜻을
가진 형용사이다.

緊用功　공부(功)를 할 때는(用) 철저하게 하라(緊).
緊긴은 위의 寬과 대조되는 형용사로 '빡빡하다', '엄격하다',
'엄하다'라는 뜻이다.

工夫到　힘들여 노력하기(工夫)에 이르면(到)

滯塞通　어렵고(滯) 막힌 것(塞)을 알게 된다(通).
滯체는 '막히어 통하지 않다'. 塞색 역시 '막히다'라는 뜻이다.
滯塞체색은 독서하면서 맞닥뜨리는 어려움을 말한다.
通통은 '알다', '통달하다', '능통하다', '깨닫다' 등으로 쓰인다.

독서 계획은 느슨하게 세우고 실제로 읽을 때는 집중하라.
공들여 읽으면 자연스레 막힌 부분이 없어진다.

중국어읽기	寬 为 限 kuān wéi xiàn	紧 用 功 jǐn yòng gōng	工 夫 到 gōng fū dào	滞 塞 通 zhì sè tōng

心有疑 隨札記 就人問 求確義
심 유 의 　 수 찰 기 　 취 인 문 　 구 확 의

心有疑　의심스러운(疑) 생각(心)이 있으면(有)

隨札記　바로(隨) 나무판(札)에 기록하라(記).
隨수는 부사로 '즉시', '곧바로'라는 뜻이다.
札찰은 작은 나뭇조각에 독서하며 기록하는 것으로 오늘날의
쪽지에 해당한다.

就人問　바로(就) 다른 사람(人)에게 물어서(問)
就취는 '곧', '이에'라는 뜻이다.

求確義　명확한(確) 뜻(義)을 구하도록(求) 한다.
義의는 명사로서 '뜻', '의미', '의의'를 말한다.

의심스러운 부분이 있으면 바로 기록하고,
다른 사람에게 물어 분명히 알도록 하라.

중국어읽기	心 有 疑 xīn yǒu yí	随 札 记 suí zhá jì	就 人 问 jiù rén wèn	求 确 义 qiú què yì

房室淸　牆壁淨　几案潔　筆硯正
방 실 청　　장 벽 정　　궤 안 결　　필 연 정

房室淸　공부방(房室)은 깨끗하게(淸) 한다.
　　　　　淸청은 형용사로 '고요하다', '조용하다', '깨끗하다' 등으로
　　　　　풀이한다..

牆壁淨　벽(牆壁)도 정갈하게(淨) 한다.
　　　　　淨정은 '깨끗하다'. 역시 淸과 淨은 대우를 이루는 낱말이다.

几案潔　책상(几案)을 정리하고(潔)
　　　　　潔결 또한 위의 淸, 淨과 마찬가지로 '깨끗하다', '청결하다'의
　　　　　의미이다.

筆硯正　붓(筆)과 벼루(硯)도 바르게(正) 놓는다.

공부방은 조용하게 하고 벽은 정갈하게 하라.
책상 위는 잘 정리하고 필기도구는 가지런히 하라.

중국어읽기	房 室 淸 fáng shì qīng	墙 壁 净 qiáng bì jìng	几 案 洁 jī àn jié	笔 砚 正 bǐ yàn zhèng

墨磨偏　心不端　字不敬　心先病
묵 마 편　심 부 단　자 불 경　심 선 병

墨磨偏 먹(墨)을 한쪽으로 기울게(偏) 갈면(磨)

心不端 마음(心)이 바르지(端) 않은(不) 것이다.

字不敬 글자(字)가 똑바르지(敬) 못하면(不)
敬경은 '삼가다', '바르다', '절제하다', '엄숙하다', '단정하다'의
뜻으로 쓰인다.

心先病 마음(心)에 먼저(先) 결점(病)이 있는 것이다.
病병이란 잘못된 습관, 결점으로 마음이 안정되지 않았음을
드러낸다.

먹을 비뚤게 갈면 마음에 잡념이 있는 것이고,
글씨가 바르지 못하면 마음 상태가 안정되지 못한 것이다.

중국어읽기	墨 磨 偏 mò mó piān	心 不 端 xīn bù duān	字 不 敬 zì bú jìng	心 先 病 xīn xiān bìng

列典籍 有定處 讀看畢 還原處
열 전 적　유 정 처　독 간 필　환 원 처

列典籍　경전(典)과 서적(籍)을 놓을 때(列)
　　　　　列열은 동사로 '늘어놓다', '진열하다'의 뜻이다.
　　　　　典籍전적은 서책 곧 '책'을 뜻한다.

有定處　정해진(定) 자리(處)가 있어야 한다(有).
　　　　　處처는 '곳', '장소', '위치'를 나타내는 명사이다.

讀看畢　읽고(讀) 보는(看) 걸 마쳤으면(畢)
　　　　　畢필은 동사로 '마치다', '끝내다', '완성하다', '다하다' 뜻으로
　　　　　쓰였다.

還原處　원래(原) 자리(處)로 되돌려 놓는다(還).

중요한 서적은 정해 놓은 자리에 놓고,
공부를 마친 후에는 원래 자리에 놓아야 한다.

중국어읽기　列典籍　有定处　读看毕　还原处
　　　　　liè diǎn jí　yǒu dìng chù　dú kàn bì　huán yuán chù

173

雖有急 卷束齊 有缺壞 就補之
수 유 급 　 권 속 제 　 유 결 괴 　 취 보 지

雖有急 비록(雖) 급한 일(急)이 있더라도(有)

卷束齊 책(卷)을 가지런히(齊) 말아서 놓고(束)
옛날에는 대나무나 나뭇조각에 글을 써서 꿰어 말았기에
卷권은 '둘둘 말은 책'을 의미한다.
束속은 '동여매다', '띠를 매다', '묶다'의 뜻을 가진 동사로 책을
읽기 위해 펼친 책을 잘 말아서 정리하라는 의미이다.

有缺壞 이지러지고(缺) 망가진(壞) 곳이 있으면(有)
缺결은 '이지러지다', '한쪽이 망그러지다'라는 뜻의 동사이나
'흠', '결점'을 의미하는 명사로 보아도 된다.

就補之 바로(就) 그것(之)을 보수한다(補).

급한 일이 있더라도 읽던 책은 잘 정리하고,
책에 흠이 생기면 바로 보수하라.

非聖書　屏勿視　蔽聰明　壞心志
비 성 서　병 물 시　폐 총 명　괴 심 지

非聖書 성현(聖)의 책(書)이 아니면(非)
聖書성서는 성인들이 엮은 유익한 책이다. 여기에서는 유가의
책을 말한다.

屏勿視 버리고(屏) 보지(視) 말라(勿).
屏병은 '물리치다'라는 뜻을 가진 동사이다.

蔽聰明 총명함(聰明)이 가려지고(蔽)
蔽폐는 '덮다', '가리다', '가로막다', '사리에 어둡다'는 뜻이다.

壞心志 생각(心)과 뜻(志)이 망가진다(壞).

유익한 책이 아닌 것은 버리고 보지 말라.
그러지 않으면 총명함이 가려지고 마음이 그릇된다.

勿自暴　勿自棄　聖與賢　致馴可
물 자 포　　물 자 기　　성 여 현　　치 순 치

勿自暴 스스로(自) 해치지(暴) 말라(勿).
　　　　暴포는 해친다는 뜻으로 쓰여 '포'라고 읽는다.

勿自棄 자신(自)을 버리지(棄) 말라(勿).

聖與賢 성인(聖)과(與) 현인(賢)의 (경지에)
　　　　유가에서는 인간을 聖人성인, 賢人현인, 君子군자, 士人사인,
　　　　庸人용인으로 구분한다. 성현은 성인과 현인을 합친 것으로
　　　　품성이 고상하고 재능과 지혜가 뛰어난 사람을 말한다.

致馴可 점차(馴) 다다를 수 있다(可).
　　　　致치는 '이르다', '이루다', '도달하다'라는 뜻이다.
　　　　馴순은 부사로 '점차'를 뜻한다.

어려움이 닥치더라도 스스로를 해치거나 포기하지 말라.
성인의 경지는 차차 도달할 수 있다.

중국어 읽기	勿自暴	勿自弃	圣与贤	可驯致
	wù zì bào	wù zì qì	shèng yǔ xián	kě xùn zhì

〈참고 문헌〉

1. 育灵童教育研究院,《国学·第一册》, 北京师范大学出版集团, 北京. 2010

2. 李安纲,赵晓鹏,《弟子规》, 中央编译出版社, 2011

3. 李相玉 譯著,《新完譯 禮記 上·中·下》, 明文堂, 2003

4. 전통문화연구회,〈동양고전 종합 DB〉

5. 권애영,〈중국 계몽 교재《弟子規》고찰과 그 활용 사례〉, 《漢字漢文教育》40집, 2016

6. 한상덕,〈한자교육 및 인성교육을 위한 童蒙書 연구 – 《弟子規》의 내용과 현대적 가치를 중심으로〉,《중국학》56집, 2016

번역·해설 **권애영**

교육대학교를 졸업하고 초등학교에서 아이들과 함께 30여 년간 생활하면서 한국
외국어대학교 대학원 중어중문학 석사를 졸업하고 같은 대학원 박사과정과 성균
관대학교 유학대학원 동양문화고급과정 사서반을 수료했다. 그동안 중국 아동
계몽 교재인 《제자규》와 《삼자경》 및 중국 현대 아동문학 잡지 《아동세계》, 그리
고 일제강점기 중국에 번역된 《조선현대동화집》 등을 비롯한 여러 논문을 발표
했다. 지금은 한·중 아동문학과 '한자와 한문 학습을 통한 인성 교육'에 관심을 갖
고 새로운 길을 모색하고 있다.